단단한 **자존감**을 갖고 싶은
10대에게

자존감과 나의 미래를 이어 주는 32가지 질문

단단한 자존감을 갖고 싶은 10대에게

김원배 지음

애플북스

Dear 단단한 자존감을 갖고 싶은 10대에게

"학창시절이 가장 좋은 시절이야."

예전이나 지금이나 어른들은 말합니다. 하지만 돌이켜보니 가장 힘들고 고민 많았던 시절은 중고등학생 시절었던 것 같아요. 선생님이나 부모님에게 듣는 비교의 말과 주변 사람의 시선에 대한 불편함, 친구 관계의 갈등, 입시 위주의 공부와 성적이 우수해야 인정받는 것 같은 분위기에 대한 불만, 미래에 대한 불안감이 가득한 시기이기 때문이죠. 가정에서, 학교에서, 학원에서 경험하는 이런 불편한 상황과 말들에 자존감과 자신감은 점점 낮아집니다. 행복은 성적순이 아니라고 하면서도, 청소년은 현실에서 무수한 경쟁을 하며 살아가고 있습니다.

어느 날 책 속에서 귀한 보물 하나를 발견했습니다. "자신의 운명은 스스로 개척한다."라는 문장이었죠. 성적이 뛰어났던 동창들은 좋은 성적에 알맞은 전문직을 갖고 살고 있었습니다. 그전엔 그들을 부러워만 했던 제가 그들과 다른 방향에서 행복을 찾을 수 있을 거라는 생각이 들기 시작했습니다. 나의 강점을 찾기 위해 공부를 하기 시작했습니다. 이 세상에는 반드시 내가 특별하게 할 수 있는 무언가가 있고, 나만의 행복을 키워 나갈 수 있는 방식도 존재한다고 굳게 믿었죠.

고대 그리스 역사가 헤로도토스는 "인간의 운명은 마음속에 있다."라고 말했고,

프랑스 수학자이자 철학자인 파스칼은 "인간은 생각하는 갈대다."라고 했습니다. '생각하는 힘'과 '스스로 운명을 개척해 나가려는 힘'은 인간이 지닌 뛰어난 능력입니다. 저는 인터넷에서 자료를 찾아 활동하는 수업을 할 때마다 학생들에게 '이 수업은 정답을 찾기 위한 것이 아니라 문제를 해결해 나가는 과정을 익히기 위한 것.'이라고 이야기합니다. 좀 더 다양하고 신중한 생각의 시간을 충분히 가지길 바라는 간절한 마음을 담아서요.

《단단한 자존감을 갖고 싶은 10대에게》에서는 위와 같은 부분에 집중해 주도적으로 삶을 만들어 나갈 수 있는 방법을 담고 싶었습니다. 청소년이 스스로 미래를 설계하고 자신의 삶을 만들어 가려면 '자존감'이라는 탄탄한 머릿돌이 있어야 한다는 사실을 전하기 위해서입니다. 이 책에선 자존감을 중심으로 아래 8개의 주제를 상세하게 다룹니다.

〈1장. 소중한 사람〉에서는 '나는 누구인가?' '나는 이 세상을 어떻게 살아갈 것인가?'라는 질문을 통해 성장하는 과정에서 긍정적인 자아 정체감을 형성하도록 이끕니다.

〈2장. 너, 나 그리고 우리〉에서는 '나'를 중심으로 관계를 맺고 있는 사람들의 이야기에 귀 기울여 봅니다. 청소년기에 가장 중요한 친구, 선생님, 부모님과의 관계에서 발생하는 갈등을 벗어나 좀 더 가까이 다가갈 수 있는 방법을 사례와 활동 중심으로 구성했습니다.

〈3장. 사춘기일까?〉에서는 슬기롭게 질풍노도의 시기를 보낸 사람들의 공통점을 배워 봅니다. 신체적, 인지적, 사회심리적으로 급격하게 변하는 스스로를 경험하며 주변 사람들과의 관계 속에서 사춘기를 현명하게 극복하고 행복한 삶을 탐색할 수 있는 방향성에 중점을 두고 구성했습니다.

〈4장. 나를 만나러 가는 길〉에서는 스스로 '삶'이라는 도화지에 그림을 그려 나가는 방법에 대해 탐구합니다. 내가 가진 잠재력과 재능을 발견하며 키워 나가는 과정은 곧 꿈을 펼쳐 나가는 과정과 같습니다. 이 장에서는 나의 잠재력을 탐색할 수 있는 여러 질문과 장치를 마련해 두었습니다.

〈5장. 자존감을 높여 볼까?〉는 나의 자존감 상황을 들여다보고 더 단단하게 만드는 방법을 탐구합니다. 자존감을 높이는 방법은 스스로 긍정적 사고와 마음을 잘 정립하고, 주변 사람들에게 상처받지 않도록 좋은 관계를 만드는 것이 핵심입니다. 청소년기에 자존감을 키우는 긍정적인 삶의 태도를 갖추면 평생 동안 좋은 에너지를 발산합니다.

〈6장. 불안을 대하는 마음가짐〉은 학습에 대한 불안감을 극복하는 방법을 공유합니다. 청소년기에는 뚜렷한 목표를 가지고 꿈을 만들어 가는 공부와 경험을 해야 합니다. 학습에 불안을 느끼는 이유는 꿈을 발견하고 이루기 위한 목표를 배제하고 성적과 진학에만 집중하기 때문입니다. 이 장에서는 학습에 대한 목표 의식을 명확하게 하고 불안을 주는 원인과 고민을 스스로 찾고 해결하는 힘을 기르는 방법에 집중합니다.

〈7장. 진로와 자존감의 관계〉에서는 자존감과 진로의 관계를 생각해 보며 구체적으로 실천에 옮기는 방법에 대해 이야기합니다. 확실한 목표를 가지고 실천하며 성취감을 경험하는 것이 자존감과 자신감 향상에 얼마나 좋은 영향을 미치는지를 확인해 봅니다.

〈8장. 행복한 미래를 그려 볼까?〉에서는 특별한 사람만이 미래에 대한 불안감을 극복하는 것이 아니라는 메시지를 전합니다. 남이 만들어 준 미래보다는 자신이 스스로 만든 미래에서 살면 행복해질 가능성이 훨씬 높아집니다. 이 장에서는 행복한 미래를 스스로 만들어 가기 위한 노력으로 매일 행복의 씨앗을 심는 시간을 가져 봅니다.

입시 경쟁과 성적 등 원하지 않아도 '비교'를 경험할 수밖에 없는 우리의 청소년들에게 스스로가 얼마나 소중하고 사랑받을 만한 존재인지를 꼭 전하고 싶었습니다. 이 책에 수록한 활동지에 하나하나 답해 보는 동안 스스로에게 가까이 다가가 들여다보는 시간을 만끽할 수 있길 바랍니다. 꿈을 이루기 위해서는 나를 발견하고 존중하는 마음, 즉 자존감을 단단하게 만드는 것이 가장 중요하기 때문입니다.

아울러 지금도 수많은 고민을 안고 미래를 향해 바쁘게 살아가고 있을 10대 청소년들이 이 책을 통해 매력적인 스스로를 꼭 발견하기를 바라는 마음도 함께 담습니다.

From 김원배, 2022년 10월

차례

3장 사춘기일까?

4장 나를 만나러 가는 길

5장 자존감을 높여 볼까?

6장 불안을 대하는 마음가짐

7장 진로와 자존감의 관계

8장 행복한 미래를 그려 볼까?

1장 소중한 사람

'나는 누구인가'라는 질문을 받으면 뭐라고 답해야 할까? 이 세상에 나와 똑같은 사람은 없다. 외모는 물론이고 잘하는 것이나 못하는 것, 좋아하거나 싫어하는 것 등 많은 부분이 나와 다를 수 있다. 나는 누구이고 어떤 성향인지를 한결같이 인식하는 것을 '자아 정체감'이라고 한다. 자아 정체감은 자신의 개성을 주관적으로 생각하고 주변 환경이 부여한 역할과 책임을 인식하는 것을 모두 포함하는 개념이다. 긍정적인 자아 정체감은 개인의 가치를 높이고 자신감을 갖게 해 자아 존중감을 높이는 힘이 된다. 따라서 성장하는 과정에서 긍정적인 자아 정체감이 형성되도록 자신의 소중함을 인식해야 한다.

심리학자인 에릭슨(E. Erikson)은 평생에 걸친 인간의 발달 과정을 8단계로 구분하고, 신체적 성숙과 함께 잠재력을 개발할 수 있는 사회적 여건이 마련되어 각 단계에서 겪는 위기를 잘 극복하면 건전한 발달이 이루어진다고 했다. 1단계인 0세부터 1세까지는 신뢰감 대 불신감, 2단계인 1세부터 3세까지는 자율성 대 수치심, 3단계인 3세부터 6세까지는 주도성 대 죄의식, 4단계인 7세부터 12세까지는 근면성 대 열등감, 5단계인 12세부터 18세까지는 정체감 대 역할 혼란, 6단계인 19세부터 24세까지는 친밀감 대 고립감, 7단계인 25세부터 54세까지는 생산성 대 자기 침체, 8단계인 54세 이상은 통합성 대 절망감을 겪는다고 말하고 있다.

에릭슨의 이론에 따르면, 청소년기는 5단계인 정체감 대 역할 혼란을 겪는 시기에 해당된다. 이 시기에는 급격한 신체적 변화가 일어나고 심리적 적응이 절실하게 필요하다. 부모의 품속에서 벗어나 독립의 욕망과 사회 속에서 자신의 역할을 찾으려는 경향이 강하게 나타난다. 신체적 변화와 역할 혼란에 따른 심리적 변화가 잘 통합되면 자아 정체감이 형성된다고 보고 있다. 그러나 대부분의 청소년이 신체 변화에 따른 불안감, 성 역할과 직업 선택의 불안정 등으로 말미암아 자신의 역할에 갈피를 못 잡고 엉뚱한 행동으로 발현하며 혼란을 겪는다.

자아 정체감은 시간이 흐르며 형성되므로 스스로 어떻게 자신을 이해하고 만들어 가느냐에 따라서 달라진다. 즉 성격, 취향, 가치관, 능력, 관심, 인간관, 세계관, 미래관 등에 따라 자아 정체감이 형성되면서 자기 효능감이 생기고, 긍정적인 자아 존중감이 커지면서 적극적인 모습으로 성장하는 것이다.

자존감은 스스로 가치 있다고 평가하고 자신을 긍정적인 존재로 여기는 마음을 의미한다. 다른 사람과 자신을 비교해 부정적으로 인식하는 데서 벗어나, 내가 가진 긍정적 측면들을 먼저 보고 인정하는 태도를 기를 때 자아 존중감을 높일 수 있다.

자아 효능감은 문제나 과제를 얼마나 잘 해결할 수 있는지 스스로 평가하면서 갖는 믿음이나 신념을 말한다. 즉 어떤 문제가 발생했을 때 자신감을 가지고 원활하게 해결해 나가는 능력을 뜻한다.

자신을 믿지 않으면 다른 사람이 만들어 놓은 길로만 가게 된다. 이 세상에 똑같은 사람은 없듯이 각자가 가야 할 길도 똑같지 않다. "친구 따라 강남 간다."라는 속담이 있다. 식당에 가서 음식을 주문할 때 '주변 사람들은 뭘 먹을까?' 눈치 보며, 고민 없이 그들과 똑같은 음식을 시켜 먹을 때가 있다. 먹고 싶은 게 있어도 말 한마디 못 하고 동료나 친구들의 결정만 기다리는 것이다. 아무리 사소한 일일지라도 자신이 선택해야 할 것을 다른 사람에게 맡겨서는 안 된다. 자기 주도적으로 행동할 때 자신감도 생기고 자아 정체감, 자아 존중감도 형성되는 것이다.

거울 속에 자신의 모습을 보고, 이미 알고 있는 것과 새로 알게 된 것을 긍정적인 시각으로 바라보면서 진정한 나의 모습을 생각해 보자. 그러면 매일매일 긍정적으로 성장하는 자신을 보게 될 것이다. 나를 긍정적으로 이해하면 성취 의욕도 높아지고 진로 목표를 실행에 옮길 수 있는 마음가짐도 생긴다. 자신을 조건 없이 사랑하고, 친구와 비교하지 않으며, 매일 잘한 것 한 가지씩 찾아서 칭찬해 주고, 일이 뜻대로 되지 않아도 실망하지 말자. 또한 내가 주변 사람들에게도 소중한 존재임을 인식해야 한다.

하고 싶은 영역에서 성공하고 싶다면 자신이 어떤 사람인지부터 세세하게 분석하고, 있는 그대로 존중하고 사랑하자.

01 공상 속에 빠진 나

질문1 **내가 소중하다고 생각하나요? 해당하는 곳에 체크해 보아요.**

구분	YES	NO
나의 대답은?		
이유는?		

질문2 **내가 하루 동안 가장 많이 생각하는 것은 무엇일까요?**

	생각하는 것	왜 그럴까?
순위	(예) 요즘 엄마 표정이 왜 어둡지?	(예) 얼마 전에 말대꾸해서 그런가?
1순위		
2순위		
3순위		

질문3 **가장 많이 생각하는 것 중에 실천할 수 있는 것은 무엇이 있나요?**

질문4 **주변 친구나 선생님이 불편하게 느껴진 경험은? 그 이유는 무엇일까요?**

불편한 경험	(예) 길거리에서 친구를 만나서 반갑게 인사했는데 친구가 무표정한 표정으로 지나갔다.
이유는?	(예) 얼마 전에 친구의 부탁을 거절해서 화가 났던 것 같다.

활동지 작성 후 나는?

* 내가 이 세상에서 가장 소중하다는 것을 알았다.

* 내 성향을 파악하고 자기 주도적으로 생각하고 행동할 수 있다.

* 주변 친구들에게 마음을 전달할 방법을 찾았다.

수업 시작종이 울리기 5분 전이었다. 노트북과 교과서를 챙겨 3층에 있는 1학년 교실로 올라갔다. 아직 쉬는 시간이라 교실과 복도는 장난치며 뛰어노는 아이들로 시끌벅적했다. 책상에 앉아 그림을 그리는 아이도 있고, 수업 준비를 마치고 명상하듯 두 손을 모은 채 가만히 앉아 있는 아이도 있었다.

그림을 그리는 아이는 그런대로 자신의 시간을 즐기고 있는 것이었다. 그런데 명상하는 아이는 어떤 생각을 하고 있을지 궁금해졌다. 쉬는 시간에 교실과 복도는 아이들의 천국이다. 서로들 치고받고 떠들지만, 명상하는 듯한 아이는 미동도 하지 않았다. 친구들 또한 장난치면서도 이 아이만큼은 건드리지 않았다. 친구들 사이에서 초등학생 때부터 조용하고 착한 아이로 인정받아 온 것 같았다.

교실에서 그 아이와 마주칠 때면 먼 옛날 내 학창 시절이 떠올랐다. 친구들 속에서 스스로 소외되고 있는 이 아이를 위해 어떤 말을 해 줘야 할까?

시골 조용한 읍내에 있는 중학교는 남학생만 있는 학교였다. 지금 생각해 보면 중학생 때 추억은 그리 많지 않다. 좀 특별했던 담임 선생님과의 추억이 떠오른다. 4교시 수업이 끝나고 점심시간이 되면 담임 선생님은 반 아이들을 모아, 함께 둘러앉아서 같이 앉아서 도시락을 먹었다. 급식이 없던 시절이니 각자 집에서 양은 도시락에 밥과 반찬을 싸 와서 친구들끼리 모여 밥을 먹었다. 선생님은 소외되는 아이가 없게 하려는 듯 항상 교실에서 식사를 같이하셨다. 혼자 있기를 좋아했던 나로서는 같이 밥을 먹어 주는 선생님이 항상 감사했다.

점심 식사가 끝난 후, 아이들은 우르르 교실을 빠져나가서 운동장에서 공놀이에 빠져들었다. 나는 쉴 공간이 필요했다. 교실 문을 나서면 넓은 운동장 가장자리에 수십 년 된 나무들이 울창하게 자라 그늘을 만들었다. 나무들 사이에 쉴 수 있는 의자도 놓여 있었다. 나는 나무 의자에 앉아서 친구들이 뛰어노는 모습을 멍하니 바라만 보곤 했다. 왜 그렇게 바라만 보았는지 지금도 알 수 없다. 누구 하나 들어와서 같이 공 차자고 말하지도 않고, 말을 거는 친구도 없었다. 항상 점심시간 50분이 너무 길고 지루하게 느껴졌다.

초등학교 6년은 그런대로 친구들과 축구를 하면서 친하게 지냈지만, 중학교 고등학교에 다닐 때는 마음 깊은 곳에 작은 섬 속에 갇혀 살았다. 누구와 대화하고 싶지 않았고, 수업 시간 선생님의 질문에도 대답하지 못했다. 대답했다가 '틀리면 어쩌지' 하는 불안감이 온몸을 휩싸면서 말문이 막히고 얼굴만 벌게졌다. 부모님의 무한한 사랑을 받고 자랐지만 다른 사람과 관계를 맺는 건 항상 어렵고 힘들었다.

중고등학교 시절 나의 자존감은 바닥이었다. 학교에서는 멍하니 벤치에 앉아만 있다가, 집에 와서는 친구들과 놀기보다 방안에 누워 천장만 바라보았다.

가정 형편이 어려웠던 것도, 부모님에게 야단맞으면서 자란 것도 아닌데 항상 내 안에 갇혀 살았다. 요란하게 반항하면서 좌충우돌하기보다 조용하게 누구에게도 말하지 않고 짜증도 내지 않은 채 사춘기를 홀로 감내했던 것 같다.

"A야, 왜 멍하니 앉아 있어? 무슨 생각해?"
"어, 아무 생각 안 하는데."
"넌 왜 말이 없어?"
"어떤 말을 해야 하지? 할 말이 없는데."
"그래도 친구들과 잘 지내려면 얘기도 하고 장난도 치면서 지내야 하지 않아?"
"그러게, 하지만 나는 이대로 혼자 있는 게 편하고 좋은 것 같아."

친구들은 신체 능력과 정신 능력이 향상되고 있는데, 난 아직 성장하고 있지 않다고 생각했다. 친구들과는 대화조차도 힘들었다. 그런데 나보다 나이 어린 동생들과는 잘 어울렸다. 정신적으로 제대로 성장하지 못해서였을까?

친구들과 어울리기 힘들었던 나는 항상 불만에 차 있었다. 그래서 고등학교만 졸업하면 고향을 영원히 떠나야겠다고 생각했다.

청소년기는 혼란스럽고 어떤 것이 사실인지 허상인지 파악도 안 되며 사람들과의 관계에서 표현하는 방법도 모르는 시기다. 그러다 보니 어리숙하게 행동하기도 하고 툭 하고 한마디 말로만 표현하기도 한다.

내성적인 성격인 데다 관계를 맺는 것이 힘들다면 그 상황을 있는 그대로 받아들여야 한다. 눈에 보이는 상황들을 회피하고 도망치려고만 하면, 평생 나를 발견하지 못하고 자존감이 낮은 상태에서 힘들게 살아야 한다. 사람은 부모와 주변 환경에서 기질을 물려받으며 성장한다. 때로는 자신의 성향이나 태도에 불만이 생기도 한다. 이런 불만들은 부모와의 관계를 악화시키고 친구 관계에서 문제가 생겼을 때 엉뚱한 방향으로 해결하게 한다. 하지만 부모로부터 물려받은 성향을 존중할 줄 알아야 한다. 바꿀 수 없는 걸 바꾸려 하지 말고, 자신을 있는 그대로 받아들이려는 마음가짐이 필요하다. 우리 다 같이 이렇게 외쳐 보자.

"내가 자랑스러워."

"나는 아주 소중하고 특별해."

"괜찮아 모두 잘될 거야."

"나는 꼭 필요한 사람이야."

인간은 누구나 존중받고 사랑받는 존재로 태어난다. 특별한 존재인 자신을 소중하게 생각해야 한다. 스스로 존중하지 않으면 주변 사람들에게도 존중받지 못한다. 자신을 존중하고 사랑하는 태도가 모든 관계의 시작이다.

자신을 존중하고 사랑하는 태도가
모든 관계의 시작이다.

02 말 못하는 내가 싫어

질문1 **나의 말하는 태도를 점검해 보아요.**

다음 문항을 읽고 해당하는 곳에 체크해 보아요.		
1	나는 많은 사람 앞에서 말을 잘한다.	
2	나는 사람들 앞에서 말하는 것이 힘들다.	
3	나는 친한 사람들하고만 말을 잘한다.	
4	말하면서 상대방의 반응을 살피지 않고 하고 싶은 말만 한다.	
5	말하면서 상대방의 반응을 살핀다.	

질문2 **일상생활 속에서 누구랑 말을 많이 하는가 점검하고 그 이유를 적어 보아요.**

	대화를 많이 하는 사람	이유는
학교에서		
가정에서		
학원에서		

질문3 **나는 수업 시간 선생님 질문에 어떻게 반응하는가 체크해 보아요.**

	질문에 어떻게 반응하나요?	체크
1	머릿속에 떠오르는데 표현하지 못하고 얼버무린다.	
2	자신 있게 내 생각을 말한다.	
3	틀린 답일 것 같아 우물쭈물 대답하지 못한다.	
4	아무 생각 없다.	

질문4 **수업 시간에 질문에 제대로 대답하지 못했다면 이유는 무엇이었을까요? 또 자신 있게 대답했을 때의 기분이나 마음가짐은 어떠했는지 적어 보아요.**

활동지 작성 후 나는?

* 말하는 태도가 상대방에게 어떤 영향을 주는지 알았다.
* 내 말을 잘 들어주는 사람들에게 고마운 마음을 전하고 싶다.
* 수업 시간 선생님이 질문할 때 내 생각을 당당하게 말할 수 있게 됐다.

"선생님, 말씀을 재미있게 잘하시네요."

"예전에는 이런 모습이 아니었는데 어떻게 된 거야. 완전히 다른 사람이 되어서 나타났구나."

요즘 종종 듣는 말이다. 학생들을 위한 수업뿐만 아니라 일반인들을 대상으로도 강의를 종종 다니면서 나름대로 말하는 기법을 터득해 가는 것 같다. 2021년에 《하고 싶은 것이 뭔지 모르는 10대에게》 책을 출간한 뒤로 학교와 도서관 등 많은 기관에서 강의 의뢰가 들어와 말할 기회가 늘었다. 강의 시작 전에 나를 소개하면서 "말을 잘하지 못해요."라고 말하면, 학부모와 학생들은 믿지 못하겠다는 표정을 지으면서 "설마요." 하며 의구심을 가진다. 그런데 나는 정말 말을 잘 못 한다. 학교에서 아이들을 가르치다 보니 세상 살아가는 기술을 아주 조금 배워서 활용할 뿐이다.

고등학교 때 친구 서너 명이 집에 놀러 온 적이 있다. 부모님이 농사를 지으셨기에 농번기에 일을 도와드리려고 친구들을 부른 것이다. 부모님 일손을 도와드리고 맛나게 밥도 먹고 놀다가 저녁 무렵이 되자 친구들이 집으로 돌아갔다.

그런데 이튿날 학교에서 A가 궁금하다는 듯이 물었다.

"너희 집에서는 밥 먹으면서 왜 대화를 안 해?"

친구의 말을 듣고 나는 충격에 빠졌다. 지금까지 그런 생각은 한 번도 해 보지 않았고, 누군가에게 들어보지도 못했기 때문이다.

"밥 먹을 때 대화하지 않고 조용히 먹어야 하는 것 아니니?"라며 나는 반문했다. 난 정말 대화 없이 밥 먹는 것을 올바르게 생각했다. 가족들의 목소리가 대문 밖으로 나가지 않아야 바르게 사는 것이라 여겼기 때문이다. 친구의 말 한마디는 평소 생각하지 못한 것을 깨닫게 해 주었다.

그제야 나는 모임이나 회의 자리에서 제대로 의사 표현을 하지 못하는 것이 성장 환경 때문임을 알았다. 그렇다고 부모님을 원망하지는 않았다. 부모님은 항상 성실하게 열심히 살아야 한다고 가르쳐 주셨기에 지금도 존경하고 사랑한다. 부모님이 다투시는 것을 한 번도 보지 못한 것 같다. 목소리가 대문 밖으로 나가서는 안 된다는 것 역시 부모님 가르침이었다. 의사 표현하는 데 어려움을 겪긴 했지만, 상대방을 배려하고 존중하는 마음만큼은 결코 잊지 않았던 것 같다.

나는 친구 모임에서 말 한마디 하지 못하는 상황에 어떻게든 변화를 주기로 마음먹었다. 당시만 해도 작은 읍내에는 말하는 법을 가르치는 학원이 없었다.

보습 학원조차 보기 힘든 조그마한 동네였다. 경기도 화성시에 있는 조암에 유일하게 책방과 문구점이 있었다. 나는 책방에 간 적 없지만, 말하는 방법을 배우기 위해 처음으로 가서《화술》이라는 책을 샀다. 책을 통해서라도 친구들처럼 자유자재로 말하는 법을 알고 싶었다. 사람들과의 관계에서 어떻게 말을 해야 하는지 등을 사례 중심으로 알려 주는 책이었다. 얼마나 말을 잘하고 싶었으면 이런 책까지 샀을까? 내 성향을 잘 알고 있었기에 이런 작은 노력이라도 하지 않았나 하는 생각이 든다. 이 책을 읽으면서 어떻게 말해야 주변 사람들에게 공감을 얻고, 처음 만난 사람과 자연스럽게 대화를 이어 갈 수 있는지 배웠다.

그런데 또 다른 사건이 생겼다. 친구 B가 내가 말 잘하는 방법에 관한 책을 읽는 것을 보고는 한마디했다.

"야, 화술 책 읽는다고 말 잘하지는 못해. 수백 번 읽어도 배우지 못할걸."

난 다시 한번 충격을 받았다. 책 속에서도 배울 수 없다면 평생 이렇게 살아야 하나, 라는 두려움이 생기기 시작했다. 그날부터 나는 대화법 관련 책은 쳐다보지도 않았다.

솔직하게 말하면, 마흔 살까지 머릿속에서 떠오르는 생각을 제대로 남에게 표현하지 못했다. 교사라는 직업 특성상 수업 내용은 설명하지만, 사람들이 모인 곳에서는 말 한마디 하지 못하고 꿔다 놓은 보릿자루가 되기 일쑤였다

친구들 모임이나 교사 연수 장소에서 말 한마디 못 했지만, 내 자존감은 낮

지 않았다. 말 잘하는 친구들이 부럽긴 했지만, 나는 다른 전략으로 도전했다. 모임에 나가기 전에 미리 시나리오를 구상해서 꼭 필요한 말만 하기 시작한 것이다. 그런데 이야기가 한창 무르익을 때 치고 들어갈 기회를 자꾸 놓치는 게 문제였다.

오십 중반까지 살아오면서 내가 말을 잘하지 못하는 것이 여전히 불만이었다. 그래서 다시 도전하기로 했다. 진로 교사를 하면서 학교 수업뿐만 아니라 다른 학교 학부모나 교사들을 대상으로 강의하기로 마음먹고 계획을 세웠다. 나는 일을 할 때 언제나 부정적인 걱정보다는 일단 시작해 보자는 마음가짐으로 임한다. 일단 부딪혀 보는 것이다. 그리고 수업이 아닌 일반 대중을 위해 강의하려면 공부를 더 해야겠다는 생각이 들었다. 이때부터 책을 읽고 글을 쓰기 시작했다.

2013년 서울 중구 지역 중학교 진로 선생님들과 프로그램을 만들어서 중구청 강당에서 학부모 대상으로 첫 강의를 했다. 학교에서 출발할 때부터 다리가 떨리고 심장이 두근거렸다. 학교에서 학생들을 가르치는 것과는 완전히 다른 강의였기에 더 심장이 떨렸던 것 같다. 중구청 정문을 들어가기 전에 약국에 들러서 청심환을 한 병 사서 강의 시작 30분 전에 마셨다. 표정은 고요했으나 내 심장은 안정되지 못하고 계속 쿵쾅쿵쾅 뛰고 있었다. 나는 긴장하면 얼굴이 벌게지면서 땀을 흘린다. 겉으로 드러나는 것을 막기 위해 무척 애를 쓰면서 강의를 진행했다.

그런데 청심환 효과였을까? 나는 두 시간 강의를 무사히 마쳤다. 기분이 날아갈 듯이 후련했다. 말로 먹고사는 교사지만 이렇게 학교 밖에서 강의할 수 있다는 것에 감동했다.

진로와 직업 수업을 하다 보면 말수도 적고 대답도 제대로 못 하는 친구들이 많다. 이런 아이들을 보면 예전의 내 모습을 보는 것 같다. 그들에게 지금 보이는 세상이 전부가 아니라고 말하고 싶다. 나는 청소년 시절 한마디 말도 못 했지만, 머릿속으로는 수많은 상상을 했다. 우주선을 타고 우주로 날아다니는 꿈도 꾸고, 돈을 많이 벌어서 서울에서 부자로 살고도 싶고, 멋진 연애를 하는 생각도 했다. 모임에서도 친구들 이야기를 들으면서 머릿속으로는 무한한 상상을 하며 생각의 폭을 넓히고 삶에 적용하기도 했다.

여러분 주위에 친구들과 잘 어울리지 못하고 말도 잘 안 하는 친구들이 있을 것이다. 그 친구들에게 먼저 손을 내밀어 보자. 그러면 마음을 열고 다가올 것이다. 그들은 여러분이 먼저 다가와 주길 바라고 있는지도 모른다. 먼저 다가가서 손을 내밀면 행복한 삶을 같이 살아가는 좋은 친구로 평생 남을 것이다.

사람들과 관계 속에서 말을 잘하고 좋은 관계를 맺는 데는 여러 방법이 있다. 책 읽기와 하루의 일을 매일 글로 표현하는 것도 그중 하나다. 어려서부터 배우지 못했거나 성격상 말을 잘하지 못한다면 스스로 배우려고 노력해야 한다. 너무 걱정할 필요는 없다. 성인이 되어 하고 싶은 일을 하다 보면 자연스레 말 잘하는 방법을 터득할 테니까. 지금 친구들에게 다가가지 못해서 속만 태우고 있다고 우울해하지 말자. 미래를 바라보며 내면에서 자신의 능력을 키우며 갈 길을 찾아가면 약점이 강점으로 변할 것이다.

친구들 앞에서 말을 잘하려면 연습이 필요하다. 학교에서 수행 평가나 모둠별 활동 때 발표자로 나서 보자. 미리 발표 시나리오를 작성해서 발표일까지 꾸준하게 읽고 말하는 연습을 하면 자신감이 생기고 발표하는 데도 성공할 수 있다.

자신만의 스타일로 대화를 이끌어 갈 수 있는
가장 좋은 방법은 꾸준한 연습이다.

03 남과 비교하면 내가 초라해 보여

질문1 **부모님이나 선생님에게 듣기 싫은 말 세 가지를 적고, 그 말을 들었을 때의 내 감정을 적어 보아요.**

	듣기 싫은 말	내 감정은
1	(예) 아직도 게임 중이니	(예) 억울하다. 공부하다가 잠깐 쉬는 것인데
2		
3		

질문2 **부모님이나 선생님에게 듣고 싶은 말 세 가지를 적고, 그 말을 들었을 때의 내 감정을 적어 보아요.**

	듣고 싶은 말	내 감정은
1	(예) 오늘도 수고했어, 일찍 쉬렴.	(예) 하루의 피로가 싹 풀린다.
2		
3		

질문3

친구들과 대화하며 비교하는 말로 상대방을 화나게 한 경험을 적어 보아요.

친구를 화나게 했던 나의 말은?	(예) 너 정도면 이런 건 쉽게 해야 하지 않니?
친구가 갑자기 화를 냈을 때 내 감정은 어떠했나요?	(예) 당황스럽고 친구를 잃을까 봐 겁났다.

질문4

남과 비교했을 때 나에게 어떤 현상이 일어날까요?

나에게 손해인 것은?	(예) 친구들이 가까이 오지 않을 것 같다.
나에게 이익인 것은?	(예) 비교당하지 않을 방법을 찾아서 도전한다.

활동지 작성 후 나는?

* 내가 듣기 싫은 말은 상대방도 듣기 싫다는 것을 알았다.
* 원만한 친구 관계를 위해 비방하거나 비교하는 태도는 버려야 한다는 걸 알았다.
* 비교하거나 비난하는 사람들과 어떻게 지내야 할지 알았다.

수업 시간에 학생들에게 이렇게 질문한다.

"여러분들은 부모님에게 듣기 싫은 말이 뭐예요?"

여기저기서 학생들이 손을 들고 발표하는데 아이들 대부분이 비슷비슷하게 말한다.

"공부 좀 해라." "게임 그만해라." "너의 절친 이번에 100점 맞았더라." "방 좀 정리해라." 등이 공통으로 나왔다. 이 중에서 친구와 비교하는 것이 제일 듣기 싫은 말 1위를 차지했다. 비교당하면 자존심이 상하고 자신이 초라해 보인다.

"그럼 여러분은 부모님께 듣고 싶은 말은 뭐예요?"

그러면 "요즘 힘든 일 있니?" "먹고 싶은 것 있니?" "하고 싶은 일이 뭐니?" "늦은 시간까지 공부하느라 고생했어." "시험 보느라 힘들었지." "아, 그래서 속상했구나." "꿈은 뭐니?" 등 미래 진로 문제나 아이들의 감정을 이해하고 보듬어 주는 말을 가장 많이 듣고 싶어 한다.

벼농사를 짓는 시골에서 자란 나는 부모님에게 공부 외의 영역에서 비교하는 말을 듣고 자랐던 것 같다.

"A는 트랙터를 운전하고 농사일도 하더라."

"A는 경운기에 수확한 벼 포대를 가득 싣고 정미소로 가던데."

농사일을 잘 못 했고 관심도 없었다. 부모님은 말씀은 안 하셔도 나보다 6살이나 어린 A가 농기구를 잘 조작하고 농사일하는 것이 기특했던 모양이다. 그래도 비교당하는 이 말이 가장 큰 스트레스였다. 평소 관심 있는 것이 별로 없어서 기계를 잘 다루지도 못하고, 트랙터는 전혀 운전할 줄 모르고 배우려고도 하지 않았다. 경운기는 어쩔 수 없을 때 조금씩 운전하곤 했다. 농사일은 대부분 나보다 열 살 많은 형이 도맡았고 형이 없을 때만 내가 조금씩 했는데, 경운기를 운전할 때마다 무척이나 무서웠다.

부모님은 나도 A처럼 농사일을 많이 돕길 원하셨던 것 같다. 나는 관심 없는 척했지만 속으로는 A가 부럽기도 하고 밉기도 했다. 부러웠으면 배우려고 관심을 가져야 하는데 농사일은 전혀 배우고 싶지 않은 걸 어쩌겠는가? 부모님이 비교하려고 하신 말씀은 아니었지만, 나는 나름대로 속이 상했다.

요즘 청소년을 보면 무척이나 힘들어 보인다. 경쟁이 점차 치열해지면서 공부도 더 많이 해야 하고, 할 일도 많아졌다. 나는 두 아들을 키우면서 이 아이들의 고유성을 존중해 줘야 한다고 생각했다. 그래서 남과 비교하는 말은 절대로 하지 않으려고 노력 좀 했다.

선생님이나 부모님이 친구와 비교할 때마다 속이 많이 상하고 화가 날 것이다. 그런데 어른들은 여러분에게 동기를 부여할 거라 생각해서 그렇게 말하고 행동하는 것이다. 그러니 부모님과 선생님들을 원망하거나 속상해하지 말아야 한다. 여러분을 위한 조언으로 받아들이는 마음의 자세가 중요하다. 정말 속상하다면 속마음을 터놓고 말씀드려야 한다. 여러분이 힘들어하고 기분 나빠하는 것을 알면 두 번 다시 비교하는 말은 하지 않을 것이다. 그러니 화를 쌓아두지 말고 마음을 전달해 보자.

조선 시대 명재상 황희 정승의 유명한 일화가 있다. 황희 정승이 시골길을 걷고 있는데, 농부가 소 두 마리와 논갈이하는 것이 보였다. 황희 정승은 누렁소와 검은 소 중에서 어느 소가 일을 잘하는지 농부에게 물었다. 그러자 농부는 일을 멈추고 황희 정승에게 다가와 귀에 대고 이렇게 말했다.

"누렁소가 일을 잘하는데 검은 소가 들으면 서운해하니 말을 조심해야 합니다."

황희 정승은 인간이 아닌 소가 자기를 험담하는 소리를 알아듣는다는 농부의 말과 마음가짐을 한평생 잊지 않고 실천하면서 살았다고 한다.

인간이나 동물이나 비교당하는 걸 좋아하지 않는다. 친구들을 따돌리고 괴롭히기 위해 서로 비교하게 만드는 행동은 분명히 나쁜 언행이다. 자신에 대한 믿음이 적은 사람일수록 남과 비교하고 남을 괴롭힌다. 겉으로만 강한 사람이 되지 말아야 한다. 친구들끼리 비교하며 자신을 초라하게 만들지 말자.

남과 비교하지 않으려는 태도도 훈련을 통해 길러진다. 살다 보면 다른 사람과 비교하는 것이 습관이 되기 때문이다. 친구들과 놀거나 가족들과 대화할 때 남과 비교하지 않는지 자신을 돌아봐야 한다.

주변 환경에 반응하지 않고 자신을 믿을 때
열등감을 극복할 수 있다.

04 나에게만 없는 '감정'

질문1 **내가 요즘 느끼는 감정들을 모두 체크해 보아요.**

□사랑 □염려 □열정 □애정

□죄책감 □후회 □슬픔 □외로움

□실망 □우울 □공포 □불안 □두려움

□걱정 □안도감 □분노 □짜증 □좌절

□성가심 □초조함 □언짢음 □혐오 □경멸

□반항심 □무시당함 □반발심 □질투 □부러움

□수치심 □당황함 □창피함 □굴욕감 □고마움

□행복감 □고마움 □기쁨 □마음 아픔

□호기심 □재미있음 □죄책감

질문2 가장 많이 느낀 감정 세 개를 고르고 왜 그런 감정을 느꼈는지 적어 보아요

순위	자주 느낀 감정	왜 그런 감정을 느꼈을까?
1		
2		
3		

질문3 나는 감정을 잘 표현하는지 생각해 보아요.

구분	YES	NO
나는 감정을 잘 표현한다.		
내 감정을 표현하는 게 두렵다.		

활동지 작성 후 나는?

*기쁨, 슬픔, 화, 즐거움 등의 감정을 느끼고 이해할 수 있다.

*나의 감정을 어떻게 표현해야 상대방이 상처받지 않을지 알았다.

*지금 내 감정 상태는 어떤지 파악하고 표현할 수 있다.

감정이란, 어떤 현상이나 사건을 접했을 때 마음에서 일어나는 느낌이나 기분을 의미한다. 감정의 의미는 알겠는데 마음속에 있는 감정을 표현하는 데는 미숙하고 어떻게 표현할지 몰라 답답해하는 사람들도 있다. 주변을 살펴보면 평생 동안 감정을 제대로 표현하지 못하고 살아 온 사람들이 많다. 평소에는 평온하다가 어느 순간 와락 화를 내면서 분위기를 험악하게 만드는 사람들이 감정을 표현하는 데 미숙하다고 할 수 있다.

초등학교 4학년 때 할머니가 돌아가셨다. 그런데 눈물이 나오지 않았다. 너무 슬퍼서였을까 아니면 감정이 메말라서였을까. 아니면 슬픈 감정을 어떻게 표현해야 할지 모르기 때문이었을까. 학교 끝나고 집에 오면 항상 할머니가 안아 주시고 밥도 챙겨 주셨는데, 이제 그런 사랑을 받을 수 없다는 현실에 슬퍼해야 하는데 눈물이 나오지 않았다. 슬픔이라는 감정은 있지만 어떻게 표출해야 하는지를 몰랐던 것 같다. 할머니의 장례를 치르는 모습을 먼 산, 언덕에 앉아 바라보는 게 내가 할 수 있었던 유일한 행동이었다.

고등학생 때에는 자전거를 타고 등교했다. 학교 자전거 주차장에 잘 세워 두고 수업을 받고 있는데, 빨리 와 보라는 친구의 말에 자전거 주차장으로 부리나케 달려갔다. 내 자전거가 완전히 뒤틀려서 망가져 있었다. 알고 보니 후배 녀석이 몰래 아무 자전거나 타다가 망가뜨린 것이다. 이 상황에서 여러분이라면 어떻게 했을까? 마구 화내면서 녀석의 멱살을 잡고 교무실로 가서 선생님에게 이르는 것이 순리였을 것이다. 하지만 나는 담담했다. "왜 그랬냐?"라고 몇 마디 묻고 그게 끝이었다. 지금 생각해도 황당한 표현이었다. 그 뒤로 사건이 어떻게 진행됐는지 기억나지 않는다.

슬픔과 기쁨 그리고 즐거움을 어떻게 표현할지 몰랐던 것 같다. 가슴속이나 머릿속에서 일어나는 감정 상태를 제대로 파악하지 못하고 제대로 표현하지도 못하다 보니, 상대방이 내 마음을 잘 알지 못하는 상황이 종종 발생했다.

감정이 요동치는 청소년기에는 감정을 올바르게 표현하는 방법을 배워야 한다. 어린 시절에 감정을 표현하는 방법을 배우지 못하면 나이를 먹어서도 표현할 방법을 몰라 머릿속이 혼란스럽기만 하다. 친구들이나 주변 사람들은 내가 화가 난 상황에서도 항상 웃는다고 말한다. 속을 알 수 없는 인간이라고 말하기까지 한다.

기쁨, 아픔, 슬픔, 즐거움 등의 감정을 입 밖으로 표현하고 행동으로 나타내야 하는데, 나는 어려서부터 그런 감정을 표현하는 것이 매우 어색했고 불편했다. 감정을 표현한다는 게 쑥스러웠던 것 같다. 감정을 표출하는 방법을 배우지 못한 것이 가장 큰 이유인 것 같다. 텔레비전이나 책을 읽으면서 슬픈 이야기가 나오면 나도 모르게 눈물이 나지만, 어떤 감정 때문에 눈물이 나는지 모르는 상황이 발생하기도 했다. 그냥 보여지는 것이 마음을 움직이는 것 같기도 하고 아닌 것 같기도 하면서 헷갈렸다.

평소 느낀 감정을 그대로 표출했을 때 상대방이 받을 충격 아닌 충격을 지레짐작해서 아마도 제대로 표출하지 못하고 살아 온 것 같다. 겁이 많아서, 자신감이 부족해서 그리 행동했던 것 같기도 하다. 감정을 표현하면 상대방이 나쁜 놈이라고 생각하면서 멀리 떠나 버릴까 봐 겁이 나서일 수도 있다.

그러나 주변을 살펴보며 감정을 제때 제대로 표현해야 주변 사람들과 원만한 관계를 맺는다는 사실을 알았다. 즐거운 일에는 박장대소하며 기뻐하고, 슬픈 일에는 슬픈 얼굴로 상대방을 위로하고, 상대방의 감정을 이해하고 보듬어 주면서 자신의 감정도 살필 줄 알아야 한다. 모든 것은 내 마음속에 존재한다. 스스로 하고 싶은 대로 반응하는 것이 인간이다. 감정도 마찬가지라서 느낀 대로 표현하는 연습을 해야만 감정을 자유자재로 관리하고 표현할 수 있다.

감정을 제대로 표현해야 다른 사람의 감정도 읽을 수 있다. 요즘 상대방 감정은 아랑곳하지 않고 자기감정만 표현하는 사람이 많아진 것 같다. 즉, 개인주의가 깊어진 결과다. 조금 여유를 가지고 생각하면 되는데 자신만을 생각하다 보니 관계에 문제가 생기기도 한다.

프랑스 철학자 알랭(Alain)이 이런 말을 했다.

"우리의 일상생활에서 가장 조심해야 할 것은 사소한 감정을 어떻게 처리하느냐 하는 문제다. 사소한 일은 계속 일어나며, 그것이 도화선이 되어 큰 불행으로 발전하는 일이 적지 않기 때문이다."

감정을 표현하는 것도 문제지만 더 큰 문제는 사소한 일에 감정을 잘못 사용했다가 패가망신하는 것이다. 하루 동안 수많은 일이 벌어지는데 그때마다 감정을 표출하는 것은 스트레스받는 일일 것이다. 더 심각한 문제는 감정을 제대로 표현하지 못하다가 어느 순간 폭발하는 상황이 벌어지는 것이다. 따라서 적절하면서도 격하지 않게 감정을 표현하면서 살아야 한다.

현대 사회에서는 감정을 잘 표출해야 성공하고 행복한 삶을 살 수 있다. 청소년기에는 특히 감정대로 표출하는 습관을 버려야 한다. 감정이 자신의 삶에 지대한 영향을 미치기 때문이다. 오늘 입 밖으로 나온 감정 표현이 내 삶의 방향성을 만든다.

내 감정을 제대로 표현하지 않으면
상대방이 내 마음을 알 수 없다.

2장 너, 나 그리고 우리

인간은 태어나서 세상을 떠날 때까지 끊임없이 너와 나의 관계 속에서 살아간다. 부모, 형제, 배우자, 스승, 선배, 후배, 친구, 애인, 이웃, 직장 동료, 국가, 더 나아가서는 인류 등과의 만남 과정에서 그 관계가 원만할 때 인간으로서의 깊은 만족을 경험한다.

특히 원만한 대인 관계 여부는 사회 질서와 번영과 직결되고, 개인의 행복과 불행에도 결정적인 영향을 미친다. 따라서 주변 사람들과의 관계가 원만해야 한다.

대인 관계가 원만하다는 것은 넓은 의미에서 사랑으로 맺어진 사람과의 관계가 많다는 의미다. 반면에 대인 관계가 좋지 않다는 것은 넓은 의미에서 미움으로 맺어진 사람과의 관계가 많다는 의미다. 인간이 인간으로서의 환희를 가장 훈훈하게 느끼는 것은 사랑의 감정 때문이며, 인간이 인간으로서의 비애를 가장 심각하게 느끼는 것은 미움의 감정 때문이기도 하다. 그러므로 원만한 대인 관계, 즉 인화(人和)는 행복을 위한 가장 중요한 조건이라고 할 수 있다.

청소년기에 가장 많은 갈등을 겪는 것이 친구와의 관계이다. 좋은 친구와 좋은 관계를 맺기 위해서는 태도가 중요하다. 태도는 마음속에 뿌리를 두지만, 열매는 겉으로 드러난다. 태도는 주변 사람을 모이게도 하고 흩어지게도 한다. 태도란 마음속에 느낌이 겉으로 표현된 것으로, 말보다 더 솔직하고 일관되게 자신을 보여준다.

주변 친구들과 좋은 관계를 맺기 위해서는 대화할 때 먼저 감사한 마음을 가져야 한다. 친구들과 어울려 다니면서 감사한 적이 있는지 생각해 보자. 어느 날 친구가 상처 주는 말을 한다 해도 이유를 고민하고 평소 친구와의 좋은 추억들을 떠올리면 이해되는 부분이 있다. 감사하다, 고맙다고 말하는 사람 얼굴에 대고 험한 말을 하는 사람은 없을 것이다.

두 번째는 상대방의 잘못을 들추기보다는 이해하고 배려할 줄 알아야 한다. 상대방의 단점만 지적하고 잘못한 행동을 꾸짖기만 하면 친구와의 관계는 평행선을 달리게 될 것이다.

세 번째는 친구가 무리한 요구나 막말을 할 때는 정중하게 하지 말아 달라고 요청해야 한다. 편한 친구 관계라고 해서 기분 나쁜 소리까지 덧붙여서는 안 된다. 이럴 때는 상대방이 기분 나쁘지 않게 정중하게 부탁해야 한다. 대화할 때는 서로 존중해야 한다. 지금은 목소리 큰 사람이 이기는 시대가 아니다.

네 번째는 내 마음을 표현하는 것이다. "친구야, 네가 툭툭 치면서 말하면 나도 아프거든. 앞으로 그러지 않으면 좋을 것 같아."라고 상대방을 존중하며 내 마음을 표현하면 대화가 원만하게 이루어진다. 속으로만 간직하면 상대방에 대한 불만이 더욱 커진다. 적절하게 내 마음을 표현하면서 살자.

모든 갈등은 내 마음속에서 시작된다. 갈등을 원만하게 해결하는 방법도 내 마음속에서 시작된다. 주변 사람들과의 관계 형성이 중요한 시대다. 인생은 어떤 친구를 만나느냐에 따라 달라진다. 친구의 친구도 큰 자산이 된다.

자존감과 자신감이 크면 주변 사람들 앞에서 당당하게 자신을 표현할 수 있다. 건강하고 좋은 친구 관계를 맺는 것은 평생 훌륭한 인생 멘토를 만드는 길이다. 청소년기의 긍정적인 친구 관계는 오랫동안 남는다. 좋은 친구를 만들기 위해 한 발 다가서는 용기를 갖자.

01 다가갈 수 없는 친구들

질문1 나의 말하는 태도를 점검해 보아요.

내가 먼저 말을 한다.	친구가 먼저 말을 할 때까지 기다린다.
□	□

질문2 방학이나 휴일에 친구와 연락하는 방법은 무엇인가요?

문자나 카톡으로 먼저 친구의 상황을 알아본다.	친구 상황을 파악하기보다는 전화부터 한다.
□	□

질문3 친구들끼리 모여서 대화할 때 나는 어떤 태도를 취하는지 체크해 보아요.

친구의 말을 공감하면서 들어주기만 한다.	□
장난치면서 아무 생각 없이 노는 게 좋다.	□
친구의 말을 듣기보다는 내 위주로 생각하고 말한다.	□
친구와 생각을 공유하면서 이야기하는 것을 좋아한다.	□

질문4

휴일에 친구와 만나기로 했을 때, 나는 어떤 유형인가요?

약속 시간보다 10분 정도 미리 장소에 도착한다.	☐
약속 시간보다 조금 늦게 장소에 도착한다.	☐
정확히 시간에 맞춰서 출발했는데 항상 늦게 도착한다고 핑계를 댄다.	☐
약속 시간에 매일 늦는 친구를 이해할 수가 없다.	☐

질문5

위 네 가지 질문에 대한 대답을 살펴보고, 친구 관계의 중요성에 대해 어떻게 생각하는지 30글자로 적어 보아요.

활동지 작성 후 나는?

* 친구와 친하게 지내기 위해서는 어떤 행동을 해야 하는지 알았다.
* 친구와 대화할 때 나는 어떤 태도로 반응하는지 판단할 수 있다.
* 관계에서 상처받지 않으려면 어떻게 행동해야 하는지 알았다.

"너랑 내가 같은 반이었니?"

"이름은 기억나는데 너와의 추억이 전혀 없네."

얼마 전 고등학교 총동문회 한마음 체육대회에 준비 위원으로 참여했다. 어른이 된 친구들을 보면서 학창 시절의 모습을 찾아보려고 해도 도저히 기억나지 않았다.

나는 학창 시절 체육대회나 소풍, 수학여행에 대한 즐거운 경험이 별로 없다. 관광버스를 탈 때부터 걱정이 앞섰다. '옆에 누가 앉아 줄까?' '도시락 먹을 때는 누구랑 먹을까?' '목적지에 도착해서는 누구랑 어울려 다닐까?' 등 이런 저런 걱정이 머릿속에 가득했다. 아마도 내성적인 친구들의 공통된 고민이었을 것이다.

교사가 된 뒤 어울리지 못하는 아이들을 먼저 생각하고 모둠도 만들어 같이 어울릴 환경을 만들어 준다. 시대는 변했지만 의외로 많은 학생이 내가 경험했던 고민을 똑같이 하고 있기 때문이다. 친구들과 어울리기보다 혼자 있는 것을 즐기는 아이들을 보면 먼 옛날 내 학창 시절이 떠오른다.

고등학교 2학년 체육 시간이었다. 두 편으로 나눠서 야구 경기를 했다. 타석에 들어서서 스윙 연습을 하면서 투수가 공 던지기를 기다렸다. 그리고 마침내 투수가 던진 공이 날아오자 힘차게 방망이를 휘둘렀다.

탕!

방망이에 맞은 공은 맑은 소리를 내면서 운동장 끝까지 날아갔다. 2루, 3루에 있던 친구들이 홈으로 들어오고 타자는 2루까지 전력 질주했다. 처음이자 마지막으로 한 방 시원하게 때렸다.

"A야, 앞으로 야구 계속 같이 할래?"

한 방 날리는 타격감을 알아봤는지 평소 가까이 오지도 않고 말도 걸지 않던 아이들이 같이 놀자고 손을 내밀었다. 지금 생각하면 이때 친구들의 손을 잡았어야 했다. 하지만 나는 "야구에 관심 없어. 우연히 한 방 맞은 것뿐이야."라며 거절하고 말았다. 친구들과 친하게 지내면서 내 편을 더 많이 만들 기회였는데 그 기회를 바람에 실어 멀리 날려 버렸다.

사춘기를 조용히 겪으면서 내면에서 부글부글 끓어오르는 에너지를 외부로 발산하기보다는 깊숙이 쌓아 두고 자연스럽게 소모되길 기다렸다. 친구들에게 다가갈 생각도 안 했고, 친구들 또한 내게 가까이 다가와서 어떤 제안을 하지도 않았다.

그때 친구들은 학교 끝나고 저녁 늦게까지 묘지가 즐비한 산속에서 새우깡과 음료를 마시고 기타를 치면서 노래를 부르며 청춘을 불태웠다. A의 사랑방에 모여 〈밤을 잊은 그대에게〉 라디오 방송을 들으며 웃고 떠들면서 긴긴밤을 보내기도 하던 시절이었다. 나는 여기에 낄 생각도 하지 않았다. 친구들이 밤늦도록 어울려 다니는 것을 당시 어른들은 물론 부모님도 별로 좋아하지 않으셨기 때문이다.

지금이야 당구가 엄연한 스포츠지만, 1980년대만 해도 청소년들은 당구장에 출입할 수 없었다. 그렇다고 출입하지 않은 남학생들은 별로 없었지만 말이다. 등교해서 선생님 몰래 당구 이야기를 하는 걸 보면 분명 서너 명이 단속을 피해 다녀왔던 것 같다.

하지만 나는 휴일이나 방학이면 사랑방에 누워서 《소년한국일보》를 읽거나 멍하니 천장을 바라보며 온갖 상상을 하면서 시간을 보냈다. 지금도 사람들과 관계 맺는 게 어렵긴 마찬가지다. 먼저 다가가지 못하고 상대방이 다가와도 어떻게 받아들여야 할지 모르겠다. 이런 특이한 성향은 평생 친구를 사귀는 데 걸림돌이 된다.

진로 수업 시간에 내 청소년 시절 이야기를 종종 한다. 요즘에도 친구와 쉽게 사귀지 못하고 다가가지 못하는 아이들이 있기 때문이다. 그 아이들이 내면에 갇혀 있기보다는 깨어나게 하려고 어린 시절 멍하니 공상 속에서 홀로 살았던 얘기를 한다.

친구들 곁에서 어울리고 놀고 싶지만 행동으로 옮기지 못한다 해서 자신에게 실망할 필요는 없다. 여러분을 이해하고 다가오는 친구들과 소통하고 관계를 만들면 되는 것이다. 때로는 먼저 다가와 주길 바라는 친구가 있을 수도 있다. 그럴 때는 먼저 마음의 문을 열어 보이는 것도 친구를 만드는 좋은 방법이다.

모든 사람과 가까운 친구가 될 수는 없다. 기준은 필요하다. 나에게 상처만 주고 도움이 안 되는 친구들은 멀리하고, 살아가는 데 도움이 되는 친구들에겐 용기를 내어 먼저 손을 내밀어야 한다. 청소년기에 사귄 좋은 친구는 인생을 살아갈 때 아주 유용한 재산이 된다.

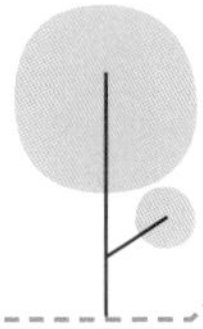

내가 먼저 마음의 문을 열면
좋은 친구들이 물밀듯이 찾아온다.

02 내 마음 친구에게 표현하기

질문1 절친했던 친구와 사소한 일로 다투었던 경험을 적어 보아요.

질문2 친구와 다툰 후, 친구 관계가 어떻게 변했는지 적어 보아요.

질문3 **내 감정을 친구에게 표현했나요?**

내 감정을 부담 없이 친구에게 표현한다.	내 감정을 친구에게 표현하지 못한다.
□	□

내 감정을 부담 없이 표현했을 때 친구의 반응은 어떠했는가?	
내 감정을 친구에게 표현하지 못한 이유는 무엇인가?	

질문4 **처음 보는 친구인데 가깝게 지내고 싶다면 어떻게 행동하는 것이 좋을까? 이에 대해 적어 보아요.**

(예) "만나서 반가워."라며 말을 걸면서 친근감을 보여 주는 행동을 한다.

활동지 작성 후 나는?

* 친구와 다툰 후, 화해하는 방법을 알았다.
* 친구의 잔소리가 나를 위하는 것임을 깨달았다.
* 좋아하는 감정을 자신 있게 표현할 수 있다.

고등학교 2학년 때였다. 우리 반에 여학생 한 명이 전학을 왔다. 키는 작고 말과 행동이 럭비공처럼 통통 튀는 친구였다. 친구들과 스스럼없이 재미있게 이야기하고 남학생들과도 재미있게 소통했다. 그 친구는 1분단 두 번째, 나는 2분단 두 번째에 앉았다.

어느 날 그 친구가 툭툭 치면서 말을 걸어왔는데, 나는 그냥 웃기만 했다. 그 애의 질문에 어떻게 대답해야 할지 생각이 나질 않았던 것 같다. 그 뒤로 그 애는 졸업 때까지 같은 반이지만 나에게 말도 붙이지 않았던 것 같다. 자기를 무시했다고 생각했을까 아니면, 말을 잘 못 한다고 생각했을까? 지금 옆에 있다면 물어보고 싶다. 나는 왜 머릿속에서 일어나는 생각들을 친구에게 제대로 표현하지 못했을까? 지금도 풀기 힘든 숙제다.

몇 년 전에 학생들 사이에 엄마 이름을 부르며 친구들을 놀리는 놀이가 유행했다. "선생님, B가 제 엄마 이름 부르면서 놀려요." 해서 살펴보니, 서로 친구 엄마 이름을 부르면서 놀리고 있었다. 그 아이들은 매일 붙어 다니는 절친이었다. 중학교 3년 내내 붙어 다니면서 우정을 과시했던 아이들이었는데 장난이 좀 지나쳤다. 나는 이 아이들을 불러서 혼내기보다는 한마디해 주었다.

"얘들아, 가까운 사이일수록 지켜야 할 것이 있어. 친구의 단점을 들추어 놀리거나 지금처럼 친구의 어머니 이름을 부르는 것은 절친에게 하지 말아야 할 행동인 것 같아. 엄마 이름으로 장난치는 건 나쁜 짓이야."

자신은 가깝다고 생각해서 장난도 치고 놀리기도 할 테지만, 상대방으로서는 기분이 나쁠 수 있다. 그런 친구라면 아마도 졸업 후 다시는 만나고 싶지 않을 것이다. 몇 년 전에는 3년 동안 아이들을 괴롭히고 선생님도 힘들게 했던 아이와 같은 고등학교에 가지 않으려고 먼 곳으로 진학을 결정한 사례도 있었다. 그렇다면 친구에게 기분 나쁘지 않게 내 마음을 표현하는 방법이 있을까?

첫째, 친구를 소중하게 생각하고 있다는 것을 알려 줘야 한다. "나는 너와 등하교해서 좋아." "너는 내 베프 중 한 명이야." "날 위해 이런 것도 준비하다니 정말 고마워." 등 친구에게 감정을 솔직하게 전달하는 것이다. 처음에는 힘들겠지만 지금 마음을 표현하려고 노력해야만 소중한 친구를 얻을 수 있다.

둘째, 친구와 학교를 오갈 때 가끔 마음을 털어놓는다. "어제 엄마가 내 꿈을 허접하다고 말해서 화났어." "나는 어렸을 때 울보였대." 등 자신만 간직한 소중한 이야기나 슬픈 이야기를 나누는 것도 좋다. 서로가 자신의 상황을 터놓고 이야기하다 보면 친구 관계가 돈독해진다. 이때 친구의 속마음을 듣고 나서 다른 친구에게 옮겨서는 절대로 안 된다. 그러면 영원한 친구를 만들 수 없다. 친구의 생활을 존중하고 지켜 줘야 한다.

셋째, 친구의 감정을 공감해 준다. 친구가 수업 시간에 선생님께 혼났을 때, 쉬는 시간에 다가가서 아무 말 하지 않고 손을 잡아 주거나 등을 토닥여 주는 것이다. 그러면 굳이 말하지 않아도 행동으로 위로가 전해진다. 감정을 있는 그대로 보여 줄 때 친구도 나의 감정을 이해하게 된다.

넷째, 친구의 실수는 걱정해 주고 잘하는 것은 칭찬해 준다. "넌 대단해." "넌 정말 친절하고 마음도 따뜻해." "뭐든지 잘하는 네가 친구여서 정말 기뻐." 하고 칭찬해 보자. 요즘 학교에서 보면 절친이라면서 친구의 단점만 가지고 장난치는 아이들이 흔하게 눈에 띈다. 이런 관계는 오래가지 못한다. 진정한 친구라면 실수는 보듬고 잘한 것은 칭찬해 주어야 한다.

다섯째, 문자나 카카오톡으로 마음을 전달한다. 요즘은 스마트폰으로 뭐든지 할 수 있는 세상이다. 말할 수 있는 상황이 아니라면 카카오톡이나 문자 메세지로 친구와 소통해 보자.

내 마음을 있는 그대로 친구에게 말하는 게 쉽지는 않다. '친구가 어떻게 받아들일까?' '이 말을 해서 나와 멀어지는 것은 아닐까?' '괜히 관계만 나빠지면 어쩌지?' '나만 친구를 좋아하나?' 등 별의별 생각이 다 든다. 그러다 보니 친구에게 쉽게 다가가지 못하고 친구의 질문에 제대로 대답도 못 한 채 얼굴만 빨게지면서 멍하니 쳐다보기만 한다.

처음에는 힘들더라도 친구의 긍정적이고 좋은 모습만 보고 표현해 보자. "A야, 안녕! 오늘 기분 좋은가 봐. 발걸음이 가벼워 보이는데." 등굣길에 툭 한마디 칭찬하면 A는 나를 다시 보게 되고, 괜찮은 사람이라고 생각하게 된다.

친구가 툭툭 건드리면 "하지 마. 지금 기분 나빠."라고 분명하게 나 전달법으로 말해야 한다. "친구야, 툭툭 건드리면 나는 기분이 나빠. 그러니까 앞으로 그러지 않았으면 좋겠어."라고 말하는 것이다. 그래야 두 번 다시 그런 행동을 하지 않고 나를 대하는 태도도 바뀐다. 한쪽이 기분 나쁘면 그건 재미있는 놀이도 장난도 아니다. 반대로 내가 허물없이 하는 행동을 친구가 어떻게 받아들이는지도 살펴봐야 한다. 친구라는 이유로 참는 건 아닌지 살펴보자. 그래서 친구가 싫어하는 행동만큼은 하지 않으면 평생 절친한 사이로 남을 것이다. 친구에게 마음을 보여 주자. 친구들이 여러분이 먼저 다가오기를 기다리고 있을지도 모르는 일이다.

친구에게 하고 싶은 얘기를 다 할 수는 없다. 그렇지만 상황에 따라서 내 마음을 표현해야 친구도 내 마음을 알 수 있다.

친구의 말을 존중해 주면서 내 마음을 적절히 표현해야 관계를 오래 이어 갈 수 있다.

03 건강한 친구 관계 만들기

질문1 **내가 생각하는 건강한 친구란 어떤 의미일까. 자신의 생각을 적어 보아요.**

(예) 내 고민을 듣고 진정으로 같이 고민하고 걱정하는 친구

질문2 **좋은 친구를 만들기 위해서 내가 하고 있는 행동은 어떤 것이 있는지 적어 보아요.**

(예) 친구의 이야기를 진심으로 들어주면서 공감하고 토닥인다.

질문3 친구가 나를 힘들게 했을 때 나만의 대처 방법은?

(예) 내 물건을 말도 없이 자꾸 가져가서 단호하게 내 감정을 전달했다.

질문4 친구가 고민을 털어놓을때 어떤 말을 해 주고 싶은지 적어 보아요.

상황	해 주고 싶은 말
선생님이 나만 미워하는 것 같아. 수업 시간마다 야단맞아서 힘들어.	
부모님은 나를 이해하지 못해. 갈수록 잔소리만 해서 집에 있기 싫어.	
A가 내 뒷담화를 하고 다녀서 속상해. 어떻게 해야 할까?	

활동지 작성 후 나는?

* 오래도록 좋은 친구로 남기 위해 어떻게 행동해야 할지 생각할 수 있었다.

* 친구가 고민을 얘기할 때 어떤 말을 해야 상처받지 않을지 알았다.

* 좋은 친구를 만드는 방법을 알았다.

중고등학교 시절에 맺은 우정은 삶에 엄청난 영향을 미친다. 따뜻하고 친밀한 신뢰감을 형성해 긍정적인 상호작용을 하고 사회적 기술을 익히는 계기가 되기 때문이다.

A와 B는 고등학교 때 절친이었다. A는 B가 외향적이고 활달한 데다 먼저 다가와 준 것이 좋았다. B 또한 A가 내성적이고 조용하지만 심성이 착하고 성실한 것이 좋아서 친구로 삼기로 했다. 둘은 성향이 달랐지만 다투고 갈등하기보다 서로 도움을 주고받는 때가 더 많았다. 이들은 대학을 졸업하고 직장 생활을 하면서도 왕래하고 고향에 방문해 부모님에게 인사도 할 만큼 가장 절친한 친구 관계를 맺었다.

어느 날 B가 직장을 그만두고 고향에 식당을 열었다. A는 친구의 새로운 출발을 응원하면서 개업한 식당에 화분도 보냈다. 식당은 한동안 잘되었고 손님도 제법 많았다. 하지만 몇 년 후 식당이 어려워지자 B는 다른 사업을 모색하면서 A에게 돈을 빌려 달라고 연락했다. A는 별 의심 없이 절친이니까 이 정도는 해 줘야지 생각하면서 1천만 원을 빌려줬다. 그런데 거기서 끝이 아니었다. B는 A에게 점점 더 많은 돈을 빌려 달라고 요구했다. "더 높은 이자로 갚을게."라는 달콤한 말로 A를 곤경에 빠뜨렸다. 결국 B는 파산하고 잠적했다. A는 은행 돈까지 끌어다가 빌려줬는데 한 푼도 받지 못하고 빚을 고스란히 떠안았다. 어렵게 모은 재산을 친구 때문에 모두 탕진한 A도 길거리에 나앉을 판이었다. 다행히 A는 성실하게 직장 생활하며 경제적 위기를 극복해 나갔다. 10년 후 한 모임에 B가 나타났다. A와 B는 서먹서먹하게 인사를 나누고 다른 친구들과 이야기하면서 시간을 보냈다. A는 서운했다. 10년 만에 나타난 B가 미안하다는 말 한마디라도 할 줄 알았는데 아무 말 없이 자리를 떴기 때문이다.

이 사례는 진정한 친구란 어떤 사람인지 생각하게 한다. B가 A를 진정한 친구라고 생각했다면 10년 만에 나타나서 "A야, 정말 미안했다. 내가 평생 살아가면서 은혜에 보답할게."라고 말했어야 했다. A는 그 말을 듣고 싶었는데, B는 아무 말도 없었다. 정말 예전의 절친이 맞는 것일까? A는 B가 단 한 명의 절친이라고 생각했지만, B는 A가 여러 친구 중 한 명일 뿐이었을 것이다. 어떻게 보면 내성적이고 착했던 A를 이용했다고 판단할 수도 있다.

중고등학생 시절 좋은 친구를 사귀어야 한다. 친구 관계는 어른이 되어서도 영향을 미치기 때문이다. A와 B처럼 불행하게 친구 관계가 끝나기도 하지만 대부분은 평생 동안 좋은 관계를 맺으면서 살아간다. "친구 따라 강남 간다."라는 속담이 있다. 중학교 3학년이 되면 친구 따라서 고등학교 진학을 결정하는 학생이 많다. 막상 친구 따라서 고등학교에 진학했다가 적성에 맞지 않아 전학하기도 하고, 적성을 찾아서 나만의 삶을 만들어 가기도 한다.

그리스의 철학자 데모크리토스(Democritos)는 "친구처럼 보이는 사람들은 대개 친구가 아니고, 그렇게 안 보이는 사람이 오히려 친구다."라는 말을 남겼다. 즉 평소에 친근하고 살갑게 도움을 주고받던 친구가 상대방이 어려운 일을 겪고 도움이 필요할 때는 냉정하게 연락을 끊고 남모르는 척하기도 한다. 어려울 때 진정한 친구를 알 수 있다는 옛말도 있다.

친구와 좋은 관계를 맺기 위해서는 일정한 거리가 필요하다. 나의 사생활을 모두 이야기할 필요도 없고, 상대방이 자신의 이야기를 하지 않는다고 속상해할 필요도 없다. 모든 것을 공유하고 붙어 다닌다고 해서 반드시 절친한 사이라고 할 수 없다. 일정한 거리를 유지하면서 서로의 생활을 존중하고 간섭하지 않는 것이 참된 친구의 모습일 수 있다.

건강한 친구 관계란 특별한 것은 없다. 서로 아끼고 사랑하며, 기쁨과 슬픔을 감정적으로 의지하고, 경쟁하기보다 함께 발전하며 성장하면 된다. 서로 만나지는 못해도 연락은 자주 하면서 친구의 단점은 죽을 때까지 비밀로 지켜주는 사이가 되어야 한다. 가까운 친구일수록 등한시하는 것이 있다. 물건을 빌렸는데 되돌려 주지 않거나, 친구의 물건을 말도 없이 가져가 사용하는 건 친한 사이일수록 하지 말아야 할 행동이다. 이런 행동을 자주 하면 친구 사이가 멀어진다.

친구 관계에서 이런 친구들은 조심해야 한다. 질투심이 강한 친구, 절친이라 털어놓은 비밀을 곧바로 여러 친구에게 공개한 친구, 약속을 잘 지키지 않는 친구, 의무적으로 만나는 친구, 상대방을 배려하지 않고 자기 마음대로 행동하는 친구, 거짓말하는 친구, 너무 부정적이고 비판적인 친구, 친구의 말에 귀 기울이지 않는 친구 등은 한 번쯤 심사숙고해서 사귀어야 한다.

건강한 친구란 나의 삶에 긍정적인 영향을 미치는 친구다. 점심시간 교실을 둘러보면 운동장에 나가서 축구 하는 학생들도 있고, 교실에 앉아서 기타 치며 노래하는 학생들도 있다. 서로 취미가 같고 공유할 것이 있는 친구들과 어울리다 보면 건강한 친구 관계로 발전할 수 있다. 때로는 내가 먼저 다가가서 말을 걸 수도 있고, 상대방이 먼저 나에게 다가올 수도 있다. 긍정적이고 남을 배려할 줄 알며 존중할 줄 아는 친구들을 많이 만나야 한다.

성인이 되면 가는 길이 달라서 우정을 이어 가기 힘들 수도 있다. 그러나 친구는 이익을 추구하는 관계가 아니라는 것을 명심해야 한다. 어릴 때 친구 관계가 평생 간다. 좀 더 즐겁고 행복한 삶을 같이 살아갈 수 있는 건강한 친구를 만들기 좋은 시절이 10대 청소년기다.

청소년기는
건강한 친구를 만들 수 있는 최적의 기회다.

04 친구 관계로 자존감 UP

질문1 **가장 친한 친구와 하고 싶은 것을 자유롭게 적어 보아요.**

(예) 놀이동산에 가서 즐겁게 하루를 보내고 싶다.

질문2 **친구와 좋은 관계를 맺어 자존감이 높아진 경험을 적어 보아요.**

(예) 내 노트를 보고 글씨가 예쁘다고 말해 줘서 자존감이 높아지고 자신감도 생겼다.

질문3 **친구와 관계가 나빠져 자존감이 낮아진 경험을 적어 보아요.**

(예) 게임 아이템을 자꾸 빌려 달라고 하고 게임 못 한다고 구박해서 친구가 싫어졌다.

질문4 **공동체 사회에서 친구 간에 지켜야 할 규칙을 다섯 개 정도 스스로 만들어 보아요.**

친구 간에 지켜야 할 규칙 다섯 개	
규칙1	(예) 시간 약속을 잘 지키자. 늦으면 미리 연락을 주고받자.
규칙2	
규칙3	
규칙4	
규칙5	

활동지 작성 후 나는?

* 좋은 친구는 내 자존감도 높인다는 것을 알았다.
* 학교생활에서 친구들과 좋은 관계를 맺는 방법을 배웠다.
* 친한 친구 관계에도 지켜야 할 규칙이 있다는 것을 알았다.

청소년기의 친구 관계는 자아 존중감 형성에 결정적인 영향을 미친다. 초등학생 시기에 주로 부모에게 인정과 관심을 받으려고 했다면, 청소년기에는 그 대상이 친구로 옮겨 가 부모보다 친구와 활발하게 상호 작용하며 친밀감과 신뢰감이 쌓아 가기 때문이다. 중학생 고등학생이 되면 취미나 놀이 성향이 비슷한 아이들끼리 모여 친구 관계를 형성하는 경향이 있다.

점심을 먹고 등나무 아래에 앉아 파란 잔디 위에서 축구 하는 아이들을 바라보았다. 친구들은 땀을 흘리면서 공을 차는데 한 아이가 운동장 외곽에서 발을 들였다가 빼기를 반복했다. 왜 안 들어가고 밖에서만 보고 있는지 궁금해서 그 아이의 행동을 유심히 살펴봤다. 이 아이도 분명 축구를 하고 싶어 하는 듯한데 쉽사리 운동장으로 뛰어들지 못했다. 점심시간 축구는 누구나 참여할 수 있는데 쉽게 못 들어가고 망설이고 있었다.

한참 뒤 축구 하던 친구가 아이를 불렀다. "들어와서 같이 축구 하자." 친구의 부름에 아이는 쏜살같이 운동장 안으로 들어갔다. 점심시간 아이들이 놀이

하는 풍경을 보면 쉽사리 친구에게 접근하지 못하는 아이들이 있고, 그런 친구들과 같이 어울리려는 아이들도 있다.

학창 시절 나는 친구의 소중함을 알지 못하고 성장했던 것 같다. 친구들이 점심시간에 야구나 축구를 하는 모습을 보면서 나도 참여하고 싶다고 생각해 본 적이 없다. 쉬는 시간마다 매점으로 달려가는 친구들을 보면서 나도 가 봐야겠다는 생각도 못 했다. 아니 못 한 것이 아니라 안 했다는 말이 맞을 것이다. 지금 생각해 보면 이해할 수 없는 행동이다.

고등학교 동창들을 만나서 이야기를 들어보면 나와 완전히 다른 세상에서 학창 시절들을 보낸 것 같다. 방안에서 상상 속에 갇혀 살던 나와 달리, 친구들은 중고등학생 시절부터 하교한 뒤 함께 어울려 다니고 방학 때면 여행도 하면서 우정을 쌓았다. 그 시절에 그렇게 살 수도 있었던 것이다. 친구들끼리 주고받는 옛이야기를 듣다 보면 청소년기에 친구 관계가 매우 소중하다는 걸 새삼 깨닫는다. 학창 시절에 맺은 관계가 약하면 성인이 되어서도 친구 관계가 약할 수밖에 없다.

10대 청소년기는 어느 시대나 별다를 게 없다. 평생 친구를 만들 절호의 기회다. 친구 관계는 세상을 살아가는 데 도움이 될 뿐 아니라 자존감을 키우는 데도 도움이 된다. 인간은 사회적 동물이라고 하지 않나. 공동체 속에서 친구와 어울리고 서로 배려하며 공감 능력을 키워 나가는 것을 우선으로 삼아야 한다. 이야기하고 싶은 친구가 있다면 먼저 말을 걸어 보는 것도 좋다. SNS 시대에 맞게 문자나 카카오톡으로 연락해 보는 것도 친구를 사귀는 데 도움이 된다. 청소년기 친구 관계가 중요한 만큼 올바른 관계를 맺을 수 있는 친구를 사귀어야 한다. 지금까지 살아오면서 깨달은 올바른 친구 만드는 방법을 소개해 본다.

첫째, 나에게 긍정적인 영향을 주는 친구를 많이 만들어야 한다. 청소년기에 어떤 친구들과 어울리느냐에 따라 여러분의 삶이 결정된다. 학교 규칙을 잘 지키고 학생의 본분에 맞게 모든 일에 적극적이며 성실하게 노력하는 친구를 사귀면 긍정적인 영향을 받아 나날이 발전한다. 반면에 게임방이나 노래방에 드나들고 밤늦게까지 놀러 다니는 친구들과 어울리면 여러분의 미래가 점점 어두워질 수 있다.

둘째, 취미나 적성 등이 비슷한 친구들과 배려하며 사귀어야 자존감이 높아진다. 하고 싶은 것이 비슷한 친구들을 많이 사귀고 공감해 줘야 한다. 자기 욕심만 부려서는 좋은 친구를 사귈 수 없다. 친구의 상황을 헤아리고 친구가 힘들 때 세심하게 배려하는 마음이 있어야 진정한 친구를 만들 수 있다.

셋째, 거짓말을 일삼거나 이중적인 성격의 친구는 멀리해야 한다. 이들은 가끔 천사를 가장해서 여러분의 감정을 이용하려고 접근하기도 한다. 하지만 이런 친구와 관계가 깊어지면 상처를 받는다. 이들로 말미암아 피해를 봐서는 안 된다.

넷째, 자신을 이해하고 감정을 공유할 수 있는 친구를 사귀어야 한다. 넓은 친구 관계보다는 깊이 있는 친구 관계를 형성해야 한다. 계속 자신에게 피해를 주는 친구라면 한 번쯤 관계를 지속할지 고민해 봐야 한다.

다섯째, 프랑스의 소설가 발자크(Balzac)는 "불행은 친구가 아닌 자를 가려준다."라고 했다. 상대방의 인간성을 살펴볼 줄 알아야 한다.

살다 보면 자존감이라는 것이 하늘 높이 치솟기도 하고, 땅 밑으로 곤두박질치기도 한다. 높고 낮음의 격차를 줄이려면 긍정적인 영향을 주는 친구들을 사귀어야 한다. 청소년기의 가장 커다란 고민은 학습력보다 친구 관계라고 할 수 있다. 따라서 긍정적인 도움을 주고받을 수 있는 친구 관계를 만들어야 한다.

백 세 인생에서 가장 커다란 폭풍 속에서 질풍노도의 시간을 보내는 청소년기에 친구 관계가 좋을수록 자존감이 높아진다.

10대 청소년기는
평생 친구를 만들 수 있는 가장 귀한 시기다.

3장 사춘기일까?

청소년기를 '질풍노도의 시기'라고 한다. 아이도 아니고 성인도 아닌 모호한 '주변인'의 위치에 있는 것이다. 이 시기는 자신의 생각과 역할, 현실 적응 사이에서 괴리감을 느끼고 갈등한다. 여러 감정들이 혼합해 나타나며 긴장과 혼란이 지속되는 시기라고 말할 수 있다.

청소년기에 가장 큰 변화는 신체 발달이다. 중학교 1학년 때까지 키가 작아서 고민이던 아이들이 졸업할 때쯤이면 키가 부쩍 자란 것을 볼 수 있다. 얼마 전에는 고등학생이 된 제자를 길거리에서 만났는데, 키가 20센티미터 넘게 자라서 올려다보며 이야기를 나눴다. 이 시기는 키가 자라고 체중도 증가하며 뼈, 근육, 지방 등 각종 신체 기관이 크게 발달한다. 고등학생이 되면 외모와 신체적 능력은 성인과 거의 비슷한 수준에 도달한다. 외모가 성장하다 보니 어른이 된 듯 행동하기도 하지만 정신적인 면에서는 배움을 통해 성장해야 하는 시기이기도 하다.

청소년기의 두 번째 변화는 인지적 발달이다. 머릿속으로 생각하는 것을 논리적으로 설명할 수 있게 된다는 말이다. 청소년기에는 뇌의 신경세포 수가 증가하고 연결이 복잡해져서 생각하는 수준이 높아진다. 특히 전전두엽 피질은 이 시기에 많은 변화를 겪는 부위로 20대 초반까지 계속 발달한다. 뇌과학자들에 따르면, 이 부위가 발달하면 학습뿐만 아니라 기억해야 할 것과 기억하지 않아도 될 것을 선택하는 정보처리 속도가 빨라진다고 한다. 전전두엽이 손상되면 논리적, 이성적 판단을 하기 어려워져서 반사회적 행동을 한다. 청소년기에 전전두엽이 제대로 성장하려면 적절한 신체 활동과 원만한 친구 관계를 위한 노력이 필요하다. 학교와 가정에서는 배움을 통해 긍정적인 사회인으로 성장할 수 있도록 지원해야 한다.

청소년기의 세 번째 변화는 사회심리적 발달이다. 중학교 1학년 아이들에게 어떤 사람이 되고 싶은지 또는 어떤 일을 하면서 삶을 살아갈 것인지 물어보면, 가상 화폐에 투자해서 부자가 되고 싶다든가, 돈을 많이 벌고 싶다는 이야기를 많이도 한다. 정직하게 사는 것보다 부자가 되는 것을 더 중요하게 생각하는 경향도 있다. 매스컴이나 어른들이 평소에 하는 이야기들을 듣다 보면, 물질적인 욕망이 커지기도 한다. 따라서 도덕과 규범 그리고 세상을 살아가는 데 필요한 소중한 가치가 무엇인지 꾸준히 생각하고 행동으로 옮기려고 훈련해야 한다. 자기 마음대로 세상을 살 것 같지만 세상은 그런 사람을 받아 주지 않는다.

신체적, 인지적, 사회심리적으로 급격히 상향 곡선을 그리는 시기가 청소년기다. 이런 변화로 혼란을 겪으며 긍정적인 사고력을 갖춘 청소년으로 성장하기도 하고 비행 청소년으로 전락하기도 한다. 이러한 변화는 세상 모든 청소년이 똑같이 겪는다. 이때 자신에게 일어나는 변화를 들여다보고 관찰해야 한다. 이 질풍노도의 시기만 잘 지나면 행복으로 가는 삶의 길이 열린다. 어느 문으로 들어갈지는 오로지 내 선택에 달려 있다.

청소년기는 인생의 황금기다. 도전하고 실패하면서 역량을 키워 세상의 주인공으로 성장하는 시기이기 때문이다. 청소년기에 주어진 일과 역할에 성실하게 최선을 다하면 사춘기를 극복하고 행복한 삶을 만들어 갈 수 있다.

01 억울한 일만 생기는 나에게

질문1 **수업 중에 친구와 같이 떠들었는데 나만 억울하게 야단맞은 경험을 적어 보아요.**

예전에는 안 그랬는데 최근 들어 수업에 집중하지 못하고 친구와 장난친다.	□YES □NO
수업 시간에 장난치는 이유는? (해당하는 것 모두)	□좋아하는 과목이 아니다. □공부에 흥미가 없다. □친구와 장난치는 것이 재미있다. □수업 내용을 이해할 수 없다. □별 이유 없다.
친구가 더 심하게 장난쳤는데 친구 잘못은 보지 못하고 나만 엄청나게 혼나서 억울하다. 친구의 잘못을 얘기해도 선생님이 믿지 않으신다면 어떤 심정일지 적어 보아요.	

질문2

최근에 불만이 늘고 있다. 불만이 많다 보니 억울한 일을 당하기도 한다. 억울한 일이 생기지 않으려면 내 생활을 변화시켜야 한다. 어떻게 변하면 좋을지 세 가지 방안을 제시해 보아요.

억울한 일이 생기지 않도록 생활을 변화시킬 세 가지 방안	
방안1	
방안2	
방안3	

활동지 작성 후 나는?

* 평소 당연하게 받아들였던 일들이 한순간 억울하게 느껴지는 나의 마음을 이해했다.
* 일상생활 속에서 불만이 늘어난 이유를 알 것 같다.
* 지금 내가 사춘기를 겪는 중이라는 것을 알았다.

7교시 마지막 수업 시간이 되어 교실에 들어갔다. 그런데 한 아이가 교실 뒤편에 엎드려 있었다. "어디 아프니?"라고 물었는데 대답이 없었다. 머리를 쓰다듬으면서 "괜찮은 거지, 보건실 갈래?"라며 한 번 더 물어봤다. 고개만 저으면서 가지 않아도 된다고 표현했다. 뭔가 힘든 일이 있나 보다 생각하면서 더는 묻지 않고 "잠시 쉬어라."라며 칠판 앞으로 걸어오는데 다른 아이가 상황을 이야기했다.

"N은 오늘 수업 시간마다 선생님들에게 야단맞았어요."

"아니 왜? 뭐 잘못했니?"

"모르겠어요. 심하게 장난친 것 같지 않은데 1교시부터 6교시까지 내내 야단맞고 교실 뒤에 나가 서 있기도 했어요."

7교시 시작 전부터 책상에 누워 있던 아이의 마음이 이해됐다. '온종일 즐겁지도 않고 힘들었겠구나.'라는 생각이 들었다. 아이는 책상에 엎드려 속으로 울고 있는 듯했다. 그냥 엎드려 있게 두었다. 수업 시작종이 울리자 부산하게 아이들이 자리에 앉았다. 수업을 시작했는데도 N은 계속 엎드려 있었다. 온종일 야단맞느라 고생했으니 마음을 추스를 시간이 필요한 것 같아서 잠시 쉬도록 했다.

이십여 분쯤 흘렀을까. 아이가 고개를 들었다. 아이는 나와 눈이 마주치자 그냥 웃어 주었다. 설명을 마치고 활동지 하는 시간에 N에게 다가갔다.

"이제 괜찮니?"

"네, 괜찮아요."

"온종일 야단만 맞아서 힘들었겠다."

"왜 저만 야단치는지 모르겠어요. 다른 친구들도 똑같이 장난쳤거든요. 그런데 저만 야단맞아 억울했어요."

"네가 더 도드라지게 장난친 건 아닐까?"

"절대 아니에요. M이 더 시끄럽게 한걸요."

아이는 자신만 선생님에게 걸려서 야단맞은 게 억울해서 속상하다고 했다. 수업을 하다 보면 야단맞고 지적받는 아이만 계속 혼이 난다. 교사가 의도하지 않았지만, 학생은 선생님이 옆 친구가 장난칠 때는 보지 못하고 자신이 딱 한 번 장난칠 때 하필 목격해서 야단맞았다고 생각한다.

초등학교를 졸업하고 중학생이 되면서 이런 현상은 더 자주 발생한다. 고등학교 가서는 공부하랴 취업 준비하랴 바빠서 장난칠 시간도 없다. 가장 활달하고 가장 혈기 왕성한 중학생 시기에는 작은 지적에도 짜증이 나고 왜 나만 야단치냐며 불만이 터진다. 얼마 전까지만 해도 잘못했으니 선생님이 혼내는 것은 당연하다고 생각했는데, 중학교 2학년이 된 뒤로는 감정을 통제하지 못하고 신경질적으로 '왜 나만 혼나야 하는데요.'라며 반응하기도 한다.

사춘기 시기에는 슬픔, 두려움, 화, 혐오, 시기심, 당황, 후회, 기쁨, 애정, 수줍음 등 감정이 하루에도 여러 차례 반복해서 나타난다. 1교시에 야단맞았으면 주의해야 하는데 이미 흥분된 감정은 주체할 수 없는 상황에 이르고 만다. 스스로가 통제할 수 있는 범위를 넘어서면 수업을 방해하고 선생님에게 야단맞고 지적을 받는 것이다. 이럴 때 대처 방법은 왜 하필 나만 걸렸냐며 불만을 품기보다는 내 행동을 깊이 있게 살펴보고 그 이유를 찾는 것이다.

청소년들이여! 쉬는 시간에 할 수 있는 행동은 쉬는 시간에 하자. 수업 시간에는 선생님 강의에 집중하는 습관을 갖자. 하루 6, 7교시 동안 집중하는 학습 태도를 가지면 선생님들에게 지적받을 일도 없고 성적이 떨어질 일도 없다.

청소년은 청소년답게 주어진 일을 성실하고 책임감 있게 수행하는 것이 최선이다. 어른은 어른으로서 맡은 임무를 충실히 하는 것이 최선이다. 각자가 맡은 역할에 성실할 때 억울한 일도 자신만 야단맞는 사태도 생기지 않는다.

가정에서는 가족끼리 지켜야 할 예절이 있고, 학교에서는 친구들 간에, 교사와의 관계에서 지켜야 할 예절이 있다. 이것들을 무시하면 그 사회는 제대로 운영되지 않는다. 구성원들이 책임감을 느끼고 지켜야 할 것은 지키면서 생활해야 한다.

10대는 10대에게 주어진 일에 최선을 다할 때 행복하다.

02 외롭고 화만 가득한 나에게

질문1 **요즘 나에게 어떤 변화가 일어났는지 살펴보고 표시해 보아요.**

	항목	YES	NO
1	최근 들어 거짓말하는 횟수가 늘어나는 것 같다.		
2	부모님과 대화하는 데 세대 차이를 느끼는 것 같다.		
3	부모님의 잔소리가 짜증스럽게 들린 적이 있다.		
4	가끔 이유 없이 눈물이 흐른다.		
5	외출할 때는 물론이고 집에서도 거울 보는 일이 많아졌다.		
6	혼자 있고 싶고 우울해질 때가 가끔 있다.		
7	외출할 때 옷차림에 신경 쓰는 때가 많아졌다.		
8	연예인이나 스포츠 스타의 팬클럽에 관심이 많아서 가입했다.		
9	어떤 일을 결정할 때 선생님이나 부모님보다 친구의 의견을 따르는 경우가 많아졌다.		
10	친구와 함께 있는 게 좋아서 여행 가자는 부모님 말씀에 어떻게 대답해야 할지 고민한 적이 있다.		
11	예전에는 웃고 넘겼던 일인데 요즘에는 짜증이 난다.		
12	친구를 사귀는 것이 힘들 때가 있다		
13	이성에게 관심이 생기는 것 같다.		
14	형제나 자매간에 다툼이 많아져서 부모님에게 혼나기도 한다.		
15	내 몸의 변화에 대해 궁금해진다.		
16	음악을 듣거나 낙엽을 보면 괜스레 예민해진다.		
17	밤늦도록 친구와 통화하는 날이 많아졌다.		
합계			

YES 0~5개	YES 6~9개	YES 10~13개	YES 14~17개
사춘기 아직 멀었어.	사춘기가 다가오는 것 같기도 해.	사춘기를 겪고 있을지도 모르겠어.	사춘기를 겪고 있는 것 같지만, 충분히 극복할 수 있어.

내가 체크한 YES 개수는?	____________개
지금 내 상황은 어느 단계인가? 내가 지금 느끼는 감정을 적어 보아요.	

활동지 작성 후 나는?

* 사춘기에 나타나는 감정 상태를 이해했다.
* 사춘기 단계 중 지금 나는 어느 단계인지 알았다.
* 친한 친구가 갑자기 변한 게 사춘기 때문인 걸 알았다.

교실은 여러 성향의 아이들이 모인 공간이다. 에너지를 발산하면서 뛰어다니며 친구들과 장난치는 아이들도 있고, 말수가 갑자기 줄어들어 조용해지는 아이들도 있다. 친구들끼리 흔히 나누는 이야기나 농담에 발끈해서 화를 버럭 내는 아이도 있다. 이렇게 화를 내는 친구 모습이 재미있어서 자주 놀리다 보면 치고받는 싸움으로 이어지기도 한다.

친구의 농담이나 부모님의 잔소리가 어느 날 갑자기 화를 유발한다면 '내가 사춘기를 겪고 있구나.'라고 생각하면 된다. 또는 내가 아무 뜻 없이 한 말이나 행동에 친구들이 예민하게 반응하는 것 같다면 '사춘기의 아픔을 겪고 있는 친구의 마음을 아프게 했구나.'라고 이해하면 된다.

사춘기 청소년들의 심리적 특징은 여러 가지가 있다. 혼자 있고 싶다, 머리 모양이나 옷차림이 신경 쓰인다, 부모님께 말대답한다, 가끔 외롭다고 느낀다, 기분이 좋아졌다가 나빠지며 변덕스러워진다, 이성 친구에 관심을 가지기 시작했다, 어른에게 반항한다, 부정적인 생각이 많다, 부모님의 애정 표현이 싫다, 현실과 다른 곳에서 살고 싶다, 부모님이 실망스럽다, 매너에 신경을 쓴다, 외모에 관심이 커졌다, 내 성격이 마음에 들지 않아서 바꾸고 싶다 등이다. 자신이 위의 특징 중에 몇 개나 해당하는지 파악해 보자. 대부분 해당한다면 사춘기가 시작되고 있음을 인지하면 된다.

사춘기가 시작되면 잘하고는 싶은데 마음대로 되지 않고, 부모의 기대에 미치지 못하는 자신에게 실망스러워 화가 나기도 하며, 스스로 미래에 대한 공포를 느끼기도 한다. 여러 학교를 방문하면서 청소년들에게 10대가 해야 할 가장 중요한 일이 무엇인지 물으면 아이들은 공부라고 말한다. 하지만 청소년들은 공부를 잘하고 싶은 마음은 있지만 공부에 대한 목표가 없거나 공부에 재미를 느끼지 못하니 공부하기 힘들다고 말한다.

나는 고등학교 1, 2학년 때 사춘기가 왔던 것 같다. 성격이 내성적이어서 사춘기도 조용히 왔다가 조용히 사라졌다. 여학생들에게 잘 보이고 싶었고, 어머니 말씀이나 행동들이 불만이어서 고모할머니에게 얘기하기도 했다. 누군가가 나를 지적하는 게 싫고, 사람 만나 대화하는 것도 거부감이 들었다. 대인 기피증까지 생겼다.

대학 진학을 위해 공부만 생각했지만 머릿속이 이미 복잡해진 상태라 공부가 들어올 틈이 없었다. 격렬하게 반항하고 친구들과 밤늦도록 돌아다닌 건 아니지만, 내 마음속에서는 항상 두 마리의 용이 싸우면서 사춘기 시기를 보냈던 것 같다. 붉은 용은 "공부 그만하고 나가서 친구들과 놀아. 하기 싫은 공부를 왜 하려는 거야. 선생님 지적에 화가 나면 참지 말고 따져 보기라도 해 봐." 라고 말했다. 푸른 용은 "그래도 고등학생인데 공부해야지 대학 안 갈 거야? 선생님들 지적은 다 너를 위한 거야, 참고 견디어야지."라며 마음을 요동치게 했다.

A는 학교에서나 가정에서 항상 모범생이었다. 집에 오면 말도 잘하더니 어느 날부턴가 간단히 인사만 하고 자기 방에 들어가서 나올 생각을 하지 않았다.

"학교에서 무슨 일 있었니?"

"아니에요. 그냥 혼자 있고 싶어서요."

부모님이 걱정돼서 내게 연락을 해 왔다. 갑자기 변해 버린 아이가 걱정되는 것이 당연한 부모의 마음이다.

다음 날 아침 아이를 불렀다.

"요즘 힘이 없어 보이네, 뭐 걱정이라도 있니?"

"아니에요. 모든 게 귀찮아졌어요. 그래도 고등학교는 가야 하니 공부는 해야겠고 집에 들어가면 조용히 나만의 시간을 갖고 싶은데 부모님은 뭔 일 있냐고 물어보고, 정말 아무 일 없거든요."

"부모님으로서는 아들이 갑자기 안 하던 행동을 하니까 걱정하신 듯하구나. 힘들면 좀 쉬면서 공부해도 돼. 너무 걱정하지 말고."

아이와 상담이 끝나고 부모님에게 연락을 드렸다. 사춘기를 겪고 있으니 그냥 바라만 보고 아이가 원하는 것만 도와주면 된다고 말했다. 그래도 부모 입장에서는 걱정이 된다고 했다. 그나마 A는 조용히 사춘기를 겪으면서 스스로 상황을 받아들이고 이겨 내려는 것 같았다. 학부모와 상담할 때는 그들이 어렸을 때를 생각해 보게 한다. 성인이라면 누구든 지금의 청소년처럼 사춘기를 경험하면서 질풍노도의 시기를 보내고 성장했기 때문이다. 사춘기를 어떻게 극복했는지 부모가 자녀에게 얘기해 주는 것도 청소년들에게는 도움이 될 것이다.

사춘기는 누구나 겪는 올바른 성인으로 성장하는 과정이다. 하루 계획이나 학습 계획을 세워도 대부분 실행하지 못한다. 그래도 사춘기를 슬기롭게 보내기 위해서는 해야 할 일과 해서는 안 되는 일을 명확히 구분 지어야 한다. 자신의 행동에 스스로 책임지려는 자세를 갖는 것도 좋은 방법이다.

사춘기는 누구에게나 찾아오는 질풍노도의 시기다.

03 나를 그냥 내버려 둬요

질문1 **부모님께 가장 많이 듣는 말을 적고 체크해 보아요.**

부모님이 가장 많이 하는 말 중에 감정을 자극하는 말은 무엇인가요?	
부모님의 잔소리를 들으면 어떤 기분이 드나요?	□반성한다. □짜증 난다. □그러려니 한다.
잔소리라고 여겨지는 말을 듣는 순간 어떤 반응을 보이나요?	□방문을 쾅 닫고 나간다. □"죄송합니다. 고칠게요."라고 말한다. □반항하면서 대든다.

질문2 **나의 어떤 행동이 부모님을 화나게 했는지 생각하고 적어 보아요.**

(예) 늦는다는 연락도 하지 않고, 부모님의 질문에 짜증스러운 말투로 대답해서

질문3 **나를 이해하지 못하는 부모님에게 화내지 않고 설명해 보아요.**

부모님의 말	"넌 왜 연락도 없이 이제 오니? 엄마가 얼마나 많이 전화했는데. 늦으면 늦는다고 연락을 해야지. 스마트폰은 그럴 때 사용하라고 사 준 거잖아."
나의 대답은	

활동지 작성 후 나는?

*가족들의 사소한 말도 짜증스럽게 느낀 나의 감정을 이해했다.

*나의 변화무쌍한 감정들이 가족을 힘들게 했다는 걸 알았다.

*상대방 말에 화부터 내기보다는 설명하는 연습을 해야 한다는 걸 알았다.

S가 자기 방에서 공부하고 있는데 느닷없이 문이 열리면서 엄마가 들어왔다.

"엄마, 노크 안 하고 왜 갑자기 들어오는 거야."

"언제는 내가 노크하고 들어왔니? 너 뭐 나쁜 짓 한 것 아니지?"

"아, 몰라. 지금 공부하고 있잖아. 갑자기 들어오니까 공부하던 것 다 잊어버렸어."

"공부하기 싫으니까 별 핑계를 다 대는구나."

"아이, 빨리 나가. 그게 아닌데 왜 의심해."

S는 얼마 전까지만 해도 부모님이 방문을 열고 들어와도 아무렇지 않았는데 이제는 싫어졌다. 나만의 공간을 갑자기 침해당하는 느낌이 들기 때문이다. 내 생활을 부모님이 감시하는 것 같은 의구심도 든다.

"학교 늦는다. 학교 갈 시간에 화장실에 너무 오래 있네. 빨리하고 나와."

"지금 어디니? 왜 전화 안 받는 거야?"

“옆집 아이는 중학생이 되면서 밤늦게까지 공부하느라 바쁘다던데, 넌 언제 공부할래? 언제까지 친구들과 어울려 다니기만 할 거야?”

“밥 먹는데 누가 핸드폰 보래. 얼른 치워?”

부모님의 잔소리는 점점 강도가 세진다. 항상 감시하는 부모님을 어떻게 피해 볼 도리가 없다. S는 부모님의 잔소리를 이해할 수 없다. 왜 맨날 내가 싫어하는 것만 하라고 하는지 모르겠다. 중학생이 된 S는 이제 자기만의 생활 공간이 필요한데, 부모님은 그걸 인정하기는커녕 S를 이해하려 들지도 않는다. 매일 부모님과 전쟁하다 보니 학교생활도 재미없고 공부도 손에 잡히지 않는다.

잔소리만 하는 부모님이 갑자기 싫어졌다. 어디론가 숨고만 싶다. 담임 선생님에게 말씀드리니 중2병이란다. 즉 사춘기를 심하게 앓고 있다고 보충 설명해 주신다. 선생님 말씀이 떠오른다.

“네가 성장하고 있다는 의미야. 부모님은 나름대로의 방법으로 S를 위해서 그런 말씀을 하시는 거란다. 그러니 무조건 짜증을 내기보다는 부모님과 진솔하게 얘기하는 것도 좋은 방법이야.”

그런데 부모님과 진솔한 대화가 안 된다. 첫마디부터 S를 화나게 만든다. 엄마, 아빠도 분명히 청소년기를 보냈을 텐데 잊어버렸는지 전혀 도움이 되지 않는 것들만 요구한다.

청소년기에는 충동을 억제하고 기억을 잠시 저장하는 부분이 제대로 작동하지 않는다. 따라서 친구들과 게임 하거나 문자로 대화를 나누느라 숙제나 부모님 심부름을 잊어버리는 경우가 허다하다.

어느 날 부모와 갈등이 생기기 시작했다면 일단 자신이 사춘기에 접어들었다는 걸 인식해야 한다. 그래야 주변 사람들과의 관계를 원만하게 이끌 수 있다.

그렇다면 사춘기를 건전하게 극복하는 방법은 어떤 것들이 있을까?

첫째, 시간을 정확히 지키는 습관을 갖는다. 잔소리를 듣기 싫다는 이유로 부모님께 연락을 안 해서는 안 된다. 학원 수업이 끝나고 친구를 만나야 한다면, 몇 시까지 집에 들어갈 것인지 시간을 정하고 그 시간을 지키도록 노력해야 한다.

둘째, 부모님과 갈등을 겪을 때 이야기할 수 있는 롤 모델을 만들어라. 선배나 친척 등 사춘기를 겪어 본 경험자들과 가까이 지내면서 불만과 갈등이 있을 때 어떻게 해결해야 하는지 조언을 듣는다.

셋째, 건전한 이성관을 만든다. 잘못된 정보에 현혹되어서는 안 된다. 이성친구와 건전하게 만나고 부모님에게 장소나 시간 등을 알려야 한다.

넷째, 집을 나설 때나 들어와서는 항상 부모님에게 알린다. 말로 하기 힘들다면 문자로라도 자신의 위치를 부모님에게 알려야 한다.

이 세상을 살아가는 인간이라면 누구나 질풍노도의 시기를 겪는다. 요란스럽게 겪을 수도 있고, 에너지가 내면으로 흐르면서 조용히 지나갈 수도 있다. 청소년기에 부모와의 갈등이 깊어지는 이유 중 하나는 서로가 꼭 해야 할 말을 하지 않기 때문이다.

"엄마, 아빠! 지금 내 감정이 혼란스러워요. 좀 도와주세요."

누구에게도 할 수 없는 이야기가 있을 때는 가장 가까이 있는 부모님께 말하고 도움을 요청하자. 부모님도 사춘기를 경험했지만 자녀의 사춘기는 전부 이해하지 못할 수도 있다. 따라서 이를 인정하고, 부모님께 도움을 청하고 받을 수 있도록 함께 노력해야 한다.

가족과 갈등이 생겼을 때는
잠시 피하는 것도 좋은 방법이다.

04 사춘기를 현명하게 보내는 방법

질문1 본문 내용을 읽고 사춘기의 개념과 특징을 써 볼까요?

질문2

여러분 주위에 평소와 다르게 행동하는 친구가 있다면 어떤 말을 해 주고 싶은지 적어 보아요.

활동지 작성 후 나는?

*사춘기의 개념과 특징을 알고 나에게 적용할 수 있다.

*사춘기를 심하게 겪고 있는 친구에게 어떤 말을 할지 알았다.

*나는 친구에게 어떤 위로를 받고 싶은지 내 감정을 알았다.

A군과 B양은 초등학생 시절 친구로 장난도 치며 친하게 지내던 사이였다. 중학교도 같은 곳으로 배정받아서 방과 후에 친구들과 같이 어울리며 간식도 먹고 학원에도 같이 다녔다. A군은 초등학생 시절부터 장난이 심했지만, 친구들을 웃기는 재주가 있었다. B양도 장난이 심한 A군을 친구로서 이해했다.

중학교 2학년 때 A군은 학교에 가다가 B양이 앞서 걸어가는 것을 봤다. 그리고 평소 하던 대로 몰래 따라가 B양의 등짝을 한 대 치고 놀리며 달아났다. B양은 갑작스런 아픔에 눈물을 흘리면서 A군을 쫓았다. 교실에 들어온 B양은 책상에 엎드려 울기 시작했다. 담임이 우는 이유를 묻자, B양은 A군이 평소에도 B양을 툭툭 치며 장난을 쳐서 속상했는데, 오늘도 그런 일이 있었다고 이야기했다. 예전 같았으면 B양이 A군을 이해했겠지만, 이날은 불쾌감을 느껴 A군을 용서할 수 없다고 생각했고 담임에게 그동안의 일들을 말한 것이다.

결국 A군은 여학생을 괴롭히고 때린 아이로 징계를 받는 상황에 이르렀다. A군이 사과했지만 B양은 A군과 예전처럼 친한 친구로 지낼 마음이 없었다. A

군은 B양이 왜 돌변했는지 이해할 수 없었다. B양이 사춘기에 접어들면서 그동안 친구였던 A군의 행동을 받아들일 수 없게 된 것이다.

중2병이라는 게 있다. 중학교 1학년 때는 멋모르고 학교에 다니지만, 2학년이 되면 정신적으로나 신체적으로 성장하면서 행동이 변하고 반항심도 커지는 사춘기가 시작된다.

사춘기는 남자는 만 11~13세(초5~중1), 여자는 만 10~12세(초4~초6) 전후로 시작해서 만 14~17세(중2~고2) 사이에 끝났다. 하지만 사람마다 인격과 성격의 변화가 다르므로 개인차가 있다.

사춘기는 청소년들이 아동기를 벗어나면서 큰 변화를 겪는 시기이다. 남자 청소년은 남성의 신체적 특징을, 여자 청소년은 여성의 신체적 특징을 갖추기 시작하고, 정서적으로 성적 충동을 느끼며, 욕구를 표출할 대상을 찾는 과정에서 갈등을 겪는다. 인지적으로는 타인의 입장을 고려할 수 있게 되며 자기중심적인 생각에 빠지기도 한다.

이 시기엔 갑작스러운 신체 변화에 따른 당혹감과 정서적인 혼란도 함께 찾아올 수 있다. 간혹 이 시기에 반항기가 있으면, 사춘기라고 생각하시는 어른들도 많다. "너 사춘기라서 이러는 거야?"라고 다그치거나 사춘기 특유의 반항심에 대해 조롱하거나 훈계하기도 한다.

사춘기는 자아와 사회적 압력 및 환경이 상충할 때 일어나는 정서적 현상이기 때문에 당연히 시기와 정도에서 개인차가 있다. 성격과 환경에 따라 전쟁

같은 사춘기를 보낼 수 있고 아예 사춘기 없이 보낼 수도 있다. 자아가 환경에 반발하지 않는 편이거나, 반발은 있되 환경에 빠르게 적응한다면 정서적 혼란과 그에 따른 갈등이 크게 나타나지 않는다. 사춘기에 갈등이 생기는 이유는 인지 능력의 발달로 자아가 두드러지기 시작하지만, 아직은 환경을 이해하고 자아를 조절하는 능력이 미숙하기 때문이다. 이후 환경을 받아들이지 못하던 자아가 상향적이든 하향적이든 환경에 적응하거나, 환경이 변화되어 자아와의 충돌이 사라지면 사춘기가 끝난다고 볼 수 있다.

이 시기에는 이유 없는 반항심이 생기고 훈계를 잔소리로 인식해 짜증을 내고 화를 낸다. 감정 기복과 변덕도 심해진다. 성격이 난폭해지는 경향이 있는데, 인간이든 동물이든 일생 중 가장 난폭한 시기가 바로 사춘기이다. 난폭한 성격 탓에 타인과 갈등을 가장 자주 일으키고, 그만큼 비행과 같은 위험한 행동도 다른 시기에 비해 많이 일어나는 편이다. 심지어 일생 중 가장 자주 폭발하는 시기이기도 하다.

그러다 보니 전문가들이나 사춘기에 대한 이해도가 높은 사람, 교사 등 직업 특성상 사춘기 아이를 많이 접하는 사람은 아이가 자주 폭발하거나 평소 성향과 달리 난폭해지면 그것만으로도 사춘기가 왔음을 직감하거나 알아채기도 한다.

사춘기를 진정시킬 약 처방은 따로 없다. 따라서 그때그때 자신의 감정을 잘 살펴서 대처해야 한다. 무조건 화를 속으로 삭이다 보면 계속 쌓이다가 어느 날 폭발해 돌이킬 수 없을 만큼 심각한 결과를 초래할 수 있다.

전문가들은 사춘기 아이가 화날 때 거칠게 겉으로 표현하는 것에 대해 화를 속으로 삭이는 것보다 낫다고 여기거나 사춘기임에도 건강하게 잘 자라고 있다는 증거로 보기도 한다.

사춘기를 현명하게 보내는 방법은
변화하는 감정을 제대로 파악하고 적절하게 해소하는 것이다.

4장 나를 만나러 가는 길

평생 살아오면서 꾸준하게 뭔가를 지속한 적이 없는 것 같다. 무엇을 잘하고 관심 있는지 생각하기보다는 주어진 일에만 최선을 다하며 살아왔기 때문이다. 그런데 몇 년 전 오랫동안 지속해서 할 수 있는 일을 찾았다. 나에게 이런 재주가 있었나 라는 생각이 든 사건이 있었다. 책을 읽고 글을 쓰는 게 재미있었다. 재미있는 일을 매일 아침 하다 보니 주변에서 작가라고 부르기 시작했다.

대학교에 입학할 때 행정학과가 아니라 국문학과에 진학했다면 지금 나는 어떤 삶을 살고 있을까. 분명 지금과 완전히 다른 삶을 살고 있을 것이다. 좀 더 일찍 나의 잠재 능력을 알았더라면 지금보다 책을 더 많이 출간하지 않았을까 하는 생각도 해 본다.

오십이 넘어서 잠재 능력을 발견하는 사람도 있지만 삶을 마감할 때까지 모르는 사람도 허다하다. 나에게 어떤 능력이 있는지, 무엇을 잘하고 관심 있는지 정확하게 아는 것이 중요하다. 가장 왕성하게 활동하는 십 대 청소년기부터 찾아보고 탐색하면서 깊은 골짜기에 숨겨진 잠재 능력을 찾아내야 한다.

인간은 누구나 무한한 가능성을 가지고 태어난다. 개인이 가진 자연 그대로의 모습을 계발해 나가다 보면, 누구나 특정 분야에서 크게 성공할 가능성을 발견한다. 천부적인 재능을 발견하고 개발하는 것이 중요한 것이다.

예를 들면, 옛날에 구두를 잘 만드는 A라는 장인이 있었다. 그는 일주일에 구두 수백 켤레를 만들 수 있었지만 실제로는 30켤레밖에 만들지 못했다. 이때 친구 B가 이유를 물었다. A는 자신의 구두 제작 능력은 탁월하지만 판매하는 능력이 없으며 판매하더라도 돈을 받는 것이 힘들다고 설명하면서, 이를 극복하기 위해 노력하고 있다고 했다. 사정을 들은 B는 A에게 영업과 판매 능력을 타고난 C를 소개해줬다. A와 C는 서로의 강점을 최대한 발휘해 일주일에 100켤레가 넘는 구두를 제작해 판매하고 이익을 얻었다. 구두 사업은 A가 혼자 할 때보다 서너 배 넘게 성장했다.

이 사례처럼 사람마다 잘하는 것이 있고 잘하지 못하는 것이 있다. 또는 자신과 맞는 일을 찾는 것이 의외로 쉬울 수도 있다. 강점은 그냥 접어 두고 약점을 극복하는 데에만 힘쓰며 스트레스받는 사람들이 있다. 꼭 그럴 필요는 없다. 강점을 최대한 끌어올리기 위해 노력하면 주변 사람들과 도움을 주고받게 되고 자연스레 약점도 극복할 수 있기 때문이다.

태어날 때 가지고 있는 재능을 계발하기 위해 에너지를 쏟아부으면, 누구나 놀랄 만한 존재로 성장할 것이다. 모든 사람이 원하는 모습은 될 수 없더라도, 본연의 모습을 제대로 발견할 수는 있다. 살면서 좋아하고 싫어하는 것은 변하기도 한다. 어제까지 즐거웠던 일이 오늘은 싫어질 수도 있다. 이런 변화에 긍정적으로 적응해야 한다. 무한한 잠재 능력을 개발하는 방법들이 이 책 속에 담겨 있다.

경영학자 피터 드러커(Piter F. Drucker)는 이렇게 말했다.

"사람들은 자신이 무엇을 말하는지 안다고 생각하지만 대게 잘 모른다. 강점이 우리가 하는 모든 행동의 기반이 되는데도 말이다."

안되는 것에 시간과 금전을 투자하지 말고 잘하고 잘되는 일에, 관심 있는 일에 노력을 쏟아부어야 한다. 강점을 키우는 것이 여러분들의 내면에 숨겨진 잠재 능력을 발현하게 하는 계기가 될 것이다.

01 관심 있는 것 vs 관심 없는 것

질문1 다음 상황에 어떻게 대처할 것인지 생각해 적어 보아요.

상황	어떻게 대처할 것인가?
관심 없던 과목이 어느 순간에 좋아졌다.	(예) 수업 시간에 집중하고 배움을 멈추지 말자.
어제까지 관심 있던 것이 오늘 갑자기 보기도 싫어졌다.	
공부하는 것이 어려워서 도움받을 친구가 필요할 때	
청소년 소설을 읽는데 슬픈 장면이 머릿속에서 계속 생각날 때	
친구가 그만 만나자고 절교 선언을 했을 때	
하고 싶은 일을 찾았을 때	

질문2 **나의 잠재 능력을 찾기 위해 지금 시기에 해야 할 일을 네 가지 적어 보아요.**

	잠재 능력을 찾기 위한 행동
1	(예) 관심 분야 책을 도서관에서 빌려서 꾸준하게 읽자.
2	
3	
4	

활동지 작성 후 나는?

*평소 활동들을 깊이 있게 관찰하는 습관이 필요한 이유를 알았다.

*갑자기 좋아하거나 관심 있는 것이 생기면 어떤 태도를 보여야 하는지 알았다.

*나에게 숨겨진 능력을 찾는 방법을 설명할 수 있다.

"요즘 관심 있는 게 뭐니?"

"저는 축구에 관심 있어요."

"저는 게임에 관심 있어요."

"그럼 학교생활에서 관심 없는 것은 뭐가 있을까?"

"공부는 왜 하는지 모르겠어요."

"수학에 관심이 사라지고 있어요."

J중학교는 남학교다 보니 축구, 농구, 야구 등에 관심 있는 학생이 많다. 좋아하는 이유를 물으면 그냥 재미있다고 한다. 친구들과 운동장에서 뛰어노는 게 즐거운 것이다. 인간은 관심 있는 것에 몰입해서 집중하고 그 속에서 즐거움을 얻는다. 그런데 관심 없는 것에는 스트레스만 받고 졸리고 따분해 딴짓을 하게 된다.

45년 전 초등학교 6학년 때 나의 관심은 온통 축구였다. 아침 일찍 등교해서 1교시 시작 전까지 운동장에서 친구들과 공을 찼다. 점심시간에도 후딱 도시락을 먹고 운동장으로 나갔다. 학교 수업이 끝나고는 집 앞 공터에서 축구를 했다. 이 시기는 축구로 하루를 시작하고 마무리하는 생활이 이어졌다. 그런데 중학교에 진학하자 관심의 대상이 바뀌었다. 몸을 움직이는 활동이 싫어져서, 축구를 하기보다는 가만히 앉아서 책을 읽었다. 말수가 적어지고 혼자 있는 것이 편했다. 이때부터 공상 속에서 학창 시절을 보냈다.

관심 분야는 성장하면서 달라진다. 지금까지 살아오면서 관심 있는 것과 관심 없는 것이 수시로 바뀌었다. 나만 그런 게 아니다. 가정, 학교, 지역 사회, 친구 관계, 직장 생활 등 관심의 대상을 변화시키는 요인은 많다.

관심과 호기심이 많다는 것은 내가 할 수 있는 일이 많다는 것을 의미한다. 즉 자신의 잠재력을 키울 수 있는 길이 다양하다는 의미다. 여기서 중요한 것은 관심 있는 것에만 집중할 것이 아니라 관심 없는 분야에도 도전하려는 용기를 지니는 것이다. 그래야 관심 있는 일들이 더 발전하는 효과가 나타난다.

"선생님, 전 만화 그리는 것에 관심이 많아서 웹툰 작가가 되는 게 꿈이에요."

중학교 1학년 아이가 수업 시간에 자신이 그린 그림을 보여 주면서 자랑스럽게 말했다. 그때 옆에 있는 친구가 한마디 거든다.

"선생님, 쟤는 그림을 좋아하는 것뿐이지 잘 그리지는 못해요. 그렇게 그려서 만화가가 될 수 있을까요?"

그때 나는 "아니야, 충분히 할 수 있어. 너는 그런 말 하지 말고 친구에게 희망을 주는 말을 해야지. 지금부터 그리기 연습을 하면 돼지 뭐."라며 아이에게 용기를 줬다. 3년 후, 이 아이는 특성화고등학교 디자인 관련 학과에 진학했다. 만화가 좋아서 그리기 시작한 뒤 중학교 1학년까지는 그리 잘 그리지 못했지만 꾸준하게 노력해서 마침내 자기가 하고 싶은 분야로 진학한 것이다.

이렇게 관심을 가지고 최선을 다해 노력한 끝에 진로와 연결하는 사례가 많다. 그러려면 관심 있는 것에 만족하지 말고 한 발 더 나아가 자신의 꿈으로 만들려는 노력이 필요하다. 때로는 부모의 반대로 꿈을 접는 일도 있다. 마이스터고등학교에 진학해서 기계 분야 장인이 되겠다고 계획을 세웠는데, 부모는 대학을 나와야 취업이 잘된다는 이유로 아이의 꿈을 깨 버렸다. 고등학교 입시 원서를 작성할 때까지 부모와 갈등했던 사례도 있다. 이럴 때는 나도 마음이 아프다. 평소 공부도 잘했던 학생이라 부모 또한 기대가 컸을 테다. 하지만 부모의 반대로 가고자 하는 길을 가지 못한다고 해서 실망할 필요는 없다. 자신의 꿈을 이루는 데는 다양한 경로가 있기 때문이다. 고등학교 졸업하고 바로 직장 생활을 할 수도 있고 대학교에 입학해서 학문적으로 공부를 더 한 후에 취업해서 기계 분야의 전문가로 성장할 수도 있다. 누구나 마음만 먹으면 도전할 수 있는 길이 다양하다.

10대 때 주어진 일을 충실하게 실천하고 학교뿐 아니라 다양한 기관에서 운영하는 체험 활동에 참여해 배우다 보면 다양한 영역에서 꿈을 만들어 갈 수 있다. 현재 주어진 현실 속에서 자신이 하고 싶은 것을 해 나가야 한다. 한 분야에만 몰입하다 보면 자기 고집과 고정관념에 빠지기 쉽다. '인간은 사회적 동물'이라고 한다. 주변과 소통하며 원활하게 꿈을 이루어 가려면 자기중심적인 틀에서 벗어나야 한다. 그러기 위해서는 다양한 영역에 관심을 두고 도전해야 한다. 좋아하는 것과 싫어하는 것을 너무 구분 짓지 말아야 한다.

청소년기에는 관심 있는 것과 관심 없는 것을 명확히 구분하지 않았으면 한다. 지금 관심 없는 것에 시간이 지나면서 관심을 가질 수도 있다. 백 세 시대라고들 한다. 다양한 분야에 관심을 가질수록 즐겁게 할 수 있는 일들이 많아진다. 여러 개의 직업 활동을 할 수도 있고, 다양한 분야의 전문가로 성장할 수도 있다.

자신에게 주어진 일을 성실히 수행할 때
좋아하고 관심 있는 것을 찾을 수 있다.

02 불안했던 마음 없애기

질문1 **여러 사람 앞에서 발표하면서 불안감을 느낀 경험을 적어 보아요.**

불안감을 느꼈던 상황을 설명하기	(예) 친구와 대화하면서 '내 말을 친구가 오해하지 않을까'라는 불안감이 생겼다.
어떻게 그 상황을 이겨 냈나요?	(예) 친구의 질문에 솔직하게 답해 줬다.
원인이 무엇이었을까요?	(예) 친구를 믿지 못한 마음 때문이다.

질문2 **아무리 노력해도 나쁜 습관에서 벗어나지 못하는 이유를 생각해 보아요.**

나의 행동 중에 나쁜 습관 이라고 생각되는 것은?	
나쁜 습관을 고치지 못하는 이유는?	
어떻게 변해야 할까요?	

활동지 작성 후 나는?

*불안감을 느꼈던 상황을 이제는 말할 수 있다.

*불안감을 이겨 냈던 경험을 친구들과 공유할 수 있다.

*나쁜 습관을 고쳐야 하는 이유를 설명할 수 있다.

"홍당무가 무슨 색깔인지 알죠? 맞아요, 빨간색이죠. 나는 빨간색을 좋아하지만 아주 싫을 때도 있어요. 내 얼굴이 가끔 홍당무로 변하기 때문이랍니다."

J중학교 사회 교사로 처음 담임을 할 때였다. 학부모 총회가 끝나고 내가 담임 맡은 반 학부모 20여 명이 교실로 들어왔다. 1년간 아이들과 함께 학급을 건강하게 만들기 위한 학급 운영 자료를 만들어서 학부모님들에게 나눠 주고 교탁 앞에서 설명하는데, 갑자기 가슴속 깊은 곳에서 뜨거운 열기가 확 올라왔다. 순간 얼굴이 뜨거워지면서 홍당무처럼 붉어졌다. 얼굴이 벌겋게 변하는 것은 어떻게 조절할 수 있는 영역이 아니었다. 나는 얼굴이 붉어진 채로 준비한 자료를 읽어 내려갔다. 학생들 앞에서는 괜찮은데 성인 20여 명의 눈동자가 일제히 쏠리자 나도 모르게 긴장하고 뇌가 불안을 느끼면서 얼굴에 그대로 나타난 것이다. 지금 생각해도 창피한 일이다. 아마도 당시 부모님들은 나에게 아이들을 맡겨도 될지 걱정되고 불안했을 것이다.

대학원 다닐 때도 사건이 있었다. 과제를 발표하는 날인데, 발표하기 전부터 심장이 뛰기 시작했다. 드디어 내 차례가 되어서 자료를 들고 칠판 앞으로 나가 더듬더듬 읽기 시작했는데 이때도 가슴속에서 불덩이가 치솟아 오르는 것이 느껴지면서 얼굴이 붉어졌다. 아, 정말 창피해서 죽는 줄 알았다. 그래도 얼굴 벌게지면서 끝까지 발표를 마치고 자리에 돌아와 앉았는데 옆에 있던 동료가 노트로 바람을 일으켜 주는 것이었다. 듣는 사람들도 불안했었을 것 같다.

어른이 되어서도 사람들과 얘기할 때나 회의할 때 또는 강의할 때 나도 모르게 붉은 열기가 얼굴로 오면서 홍당무가 되는 때가 종종 있었다. 병원 가서 진료를 받지 않았기 때문에 원인은 모르겠지만 사회생활 하면서 스스로 강해지고 변화하려는 노력을 많이 했다.

어려서부터도 겁이 많았고 항상 불안 속에서 살았던 것 같다. 그냥 시골에서 볼 수 있고 배울 것이 한정되어 있었기 때문에 미래에 대해 불안해했던 것이다. 그리고 사람들 만나는 것도 불안하다 보니 누군가와 친해지려고도 하지 않았고 대화도 잘 하지 않았다. 대인 관계를 회피한 것도 얼굴 벌게지는 것이 창피했기 때문이었을 것이다.

많은 사람 앞에만 서면 얼굴 벌게지는 성향을 지닌 사람들이 많다. 뭔가 특별한 병이 있는 것이 아니라 내성적이고 자신감 없는 성격 탓에 나타나는 증상인 것 같다. 사회생활을 하다 보면 또는 친구들과 이야기하다 보면 긴장하게 되고 불안한 마음을 감출 수 없다. 붉게 변하는 얼굴을 어떻게 고칠까 고민을 많이 하게 될 것이다. '뭐 딱히 좋은 방법이 없을까'라는 생각을 꾸준히 하면서 마음속에서 일어나는 현상이기에 그대로 받아들이고 살아가는 것이 가장 편리한 방법이다.

대화할 때 상대방의 눈을 똑바로 바라보지 못하는 사람들이 있다. 잘 아는 친구와 단둘이 얘기하면서도 얼굴이 붉어진다. 몸에서 반응하는 변화를 누구도 억누를 수는 없다. 그렇다고 그런 사람을 이상하게 쳐다봐서는 안 된다.

이런 성향은 성인이 되면 자연적으로 고쳐지기도 한다. 얼마만큼 자신을 사랑하고 인정하고 용기를 갖고 사는가가 해답이 될 수 있다. 강의도 하고 책도 읽고 글을 쓰면서 예전보다 많이 좋아졌지만, 아직도 조금 남아 있다. 평생 고칠 수 없었던 홍조 현상을 어떻게 고쳤을까? 병원에 가서 고친 것은 아니다. 내 성향을 인정하고 받아들이면서 자존감이 높아지고 자신감이 생겼기 때문이다. 또한 세상을 살아가는 데 용기가 생기고 불안감이 없어지면서 자연스럽게 고쳐졌다.

그동안 살아오면서 내성적이지만 조금 완벽주의자였던 것 같기도 하다. 학교에서 규칙을 지켜야 한다고 선생님들이 말씀하시면 절대로 하지 않았고, 뭔가 하려고 계획을 세우면 반드시 끝을 봐야 한다고 생각하고 실행에 옮겼다. 규칙을 어기고 계획대로 하지 않으면 큰일 나는 줄 알았던 것 같다. 이런 강박관념 탓에 사람들과 얘기하면서 말하는 자신을 믿지 못하고 의심하게 된 것이다. 홍당무가 된 것은 마음속의 불안감에서 시작된 것이다.

무엇보다 나를 있는 그대로 바라보는 것이 중요하다. '그래, 나 내성적이야.' '사람들 많은 곳에서는 긴장하다 보니 얼굴이 붉어지기도 해.' '나 실수 좀 했어. 그렇다고 크게 달라진 것 없잖아.' '나는 너와 다르게 생각해.'라며 그냥 감정에 충실하며 실수를 받아들이고 생각을 자신 있게 얘기하려고 노력하는 것이 불안했던 마음을 떨쳐내는 계기가 된다.

자신감 없는 아이들이나, 친구들 사이에서 생각을 제대로 표현하지 못하는 아이들에게는 항상 책 읽기를 권한다. 자신감을 얻는 방법이기 때문이다. 나도 도서관이나 다른 학교에서 학생들이나 학부모 대상으로 강의를 하면서 경험과 독서 지식을 잘 버무려서 얘기하다 보니 자신감과 용기를 얻었다. 더불어 지금 벌어지고 있는 사실들을 있는 그대로 받아들이면 불안한 마음은 사라진다. 자신감을 키우려면, 주변 사람들의 시선 탓에 불안했던 마음을 내려놓고 다른 사람들의 의견은 참고만 하고 스스로 선택해서 미래를 만들기 위해 노력해 보자.

불안한 마음을 떨쳐내고 자신감을 키우는 좋은 방법은 남과 비교하지 않는 것, 상대를 먼저 배려하고 도와주면서 친구 관계를 잘 맺는 것이다. 자신의 단점을 있는 그대로 받아들이는 순간 나의 몸과 마음에 변화가 생기는 것을 경험할 것이다.

자신의 약점과 단점을 있는 그대로 받아들이면
불안감이 사라지고 용기가 생긴다.

03 나만의 시간

질문1 나만의 시간을 확보해 보아요. 가장 좋은 시간은 언제인지 적어 볼까요.

(예) 학원 다니느라 바빠서 밤 10시부터 30분간이 가장 좋은 시간이다.

질문2 누구에게도 방해받지 않는 내 시간에 주로 어떤 일을 하나요?

(예) 요리에 관심이 많아서 요리 관련 영상 콘텐츠를 본다.

질문3 오늘 하루 있었던 일들을 생각하면서 잘한 것 세 가지를 적어 보아요.

1	
2	
3	

질문4 하루 동안 있었던 일들을 일기로 정리해 볼까요?

활동지 작성 후 나는?

*하루를 정리할 시간을 확보할 수 있다.

*나에게 주어진 시간에 무엇을 할지 계획을 세울 수 있다.

*하루를 정리하면서 잘한 것 세 가지를 찾을 수 있다.

초등학교 시절 방학 숙제로 일기 쓰기가 있었다. 방학이 시작되면 하루도 빼먹지 않고 일기를 쓰겠다는 각오로 일기장과 연필을 준비하곤 했다. 일주일은 그런대로 저녁마다 일기를 썼다. 8일 차부터는 매일 일상이 똑같아서 쓸 얘기가 없다. "오늘 하루 쉬자", "어제와 똑같은 일상"과 같이 달랑 한 문장만 쓸 때도 있었다. 일기를 써야겠다는 마음가짐이 점차 사라지면서 열흘도 못 채우고 방학 내내 책꽂이에 보관되어 있었다. 방학 계획을 세워도 계획대로 실천하기란 쉽지 않았다.

"어, 내일이 벌써 개학이네."

개학이 다가오면 불안해지기 시작했다. '에잇, 일기라도 잘 쓸걸.' 방학 내내 숙제는 하나도 안 하고 놀기만 한 자신이 밉기도 하고 후회의 쓰나미가 몰려왔다. 개학 전날은 잠을 이룰 수가 없었다. 3주나 밀린 일기장 채워야지, 방학 과제 해야지, 새벽까지 밀린 과제를 한 번에 처리하려고 하니 머릿속이 복잡해지면서 가슴이 답답했다.

초등학생 시절 일기 쓰기가 가장 싫은 숙제였다. 근데 왜 일기를 써야 했던 걸까? 선생님들은 왜 일기 쓰기를 과제로 주었을까. 먼 옛날을 떠올려 봐도 일기를 써야 하는 이유를 알려 준 선생님은 안 계셨던 것 같다. 그런데 교사가 되고 진로 교육을 하다 보니 일기를 써야 하는 이유를 조금 알 것 같다. 지금도 나는 하루를 마치고 집에 도착하면 일기를 쓴다. 하루를 정리하는 의미도 있지만, 꾸준히 글쓰기 공부를 하기 위해서이기도 하다.

수업 시간에 가끔 학생들에게 질문한다. "일기 쓰는 사람?" 하고 물어보면 아무도 손을 들지 않는다. 일기는 초등학교까지만 하는 숙제로 아는 것이다. 아직도 일기를 쓰는 이유를 설명하지 않고 무조건 과제로만 내 주는 것일까? 아닐 것이다. 설명해 주고 과제를 내지만 아이들은 숙제이기 때문에 싫어하는 것 같다. 중학생이 된 뒤로는 학교에서 일기 검사를 하지 않으니까 자연스레 일기를 쓰지 않게 된다.

어느 날 한 아이가 찾아와 말했다.

"선생님, 저는 하고 싶은 것도 많고 사람 만나는 것도 즐거워요. 그런데 내가 정말 잘하고 좋아하는 것을 말하라면 뭐라고 말해야 할지 모르겠어요."

다른 사람들이 보기에 이 아이는 정말 학교생활도 즐겁게 하고 공부도 열심히 하고 모든 것에 최선을 다하며 항상 밝게 생활했는데, 자신의 내면에서는 특별히 잘하고 좋아하는 것이 없어 고민이었던 모양이다.

"잠들기 전 하루를 정리해 볼래? 일기를 써도 되고 스마트폰 메모장에 간단하게 하루를 정리해도 돼."

일기를 쓰면 하루가 정리되는 것은 물론이고 매일매일 어떤 일에 집중하고 그 일을 했을 때 어떤 기분이었는지를 알 수 있다. 하루를 정리하면서 즐거운 마음으로 잘한 일을 세 가지만이라도 적어 보자. 매일 잘한 것 세 가지를 적어야 한다는 생각에 하루 24시간을 정신없이 살아도 세 가지 정도는 생각하면서 생활하게 된다.

꿈을 찾고, 내면 깊이 숨어 있는 잠재 능력을 세상 밖으로 끌어내기 위해 기본적으로 해야 할 일은 매일 생활을 점검하는 것이다. 무의미하게 하루를 보내지 말고 공부든 독서든 체험 활동이든 하면서 나의 감정이 어떠했는지 살펴봐야 한다. 그 감정들을 모아서 잠들기 전 일기장에 옮겨 적어 보자.

꿈이 없다면, 뭘 좋아하고 잘하는지 모른다면 찾으면 된다. 10대 청소년기는 잠재 능력을 발견하는 시기다. 어른으로 성장하고 싶다고 해서 하루아침에 어른이 되는 건 아니다. 10대에게 주어진 일을 충실하게 실행하다 보면 내가 원하는 어른으로 성장하는 것이다. 초등학생 때는 과제라서 일기를 썼다면 중학생이 되고 나서는 자신의 진로를 찾기 위한 일기를 써 보자. 스마트폰 메모장에는 사진도 넣고 글도 쓸 수 있다. 순간 떠오르는 감정들을 스마트폰 메모장에 기록하는 습관을 갖자.

하루 잘한 것 세 가지를 기록하는 진로 일기를 써 보자. 나는 365일 날짜가 적힌 일기장을 구입해서 1월 1일부터 하루의 삶을 기록한다. 일기장에 글을 쓸 때는 빨간색 볼펜으로 맨 위에 제목을 쓰고 검정 볼펜으로 하루의 삶을 적는다. 공부가 안될 때, 열심히 공부했는데 성적이 저조할 때, 친구와의 갈등으로 속상할 때, 부모님과 진로 문제로 갈등할 때 일기장에 감정 일기를 쓰면 스트레스와 불안을 해소하는 데 도움이 된다.

잘하는 것과 좋아하는 것이 뭔지 모른다면 하루 생활 중에서 잘한 일, 즐거웠던 일, 슬펐던 일, 새로 알게 된 것 등 세 가지만 적어 보자. 일상의 일을 정리하다 보면 잘하고 좋아하는 것이 눈에 보일 수 있다.

하루하루의 기록이 개인의 역사가 된다. 국가만이 역사가 있는 것이 아니다. 매일매일 기록하고 생각하는 것들이 모여서 여러분 삶의 역사가 될 것이다.

나의 능력을 찾기 힘들다면 하루 일상을 정리하는 것이 도움이 된다.

04 내 감정 제대로 이해하기

질문1 **일주일 동안 일어났던 감정들을 체크해 보아요.**

□호기심을 가졌다 □행복을 느꼈다 □불안했다

□즐거움의 연속이다 □걱정스러웠다 □창피했다 □실망했다

□부끄러웠다 □외로웠다 □신이 났다 □자신이 없다 □만족스러웠다

□고마웠다 □감동했다 □신중했다 □겁에 질렸다 □희망에 찼다

□마음이 아팠다 □소심해졌다 □기대가 된다

질문2 **체크한 감정들의 공통점은 무엇인지 적어 보아요.**

질문3 오늘 있었던 일들을 감정 일기로 작성해 보아요.

활동지 작성 후 나는?

*감정 일기를 작성하면서 나쁜 감정을 녹여 낼 수 있었다.

*긍정적인 감정을 만드는 방법을 알았다.

*우울과 무기력에서 벗어나는 방법을 알았다.

"선생님, 저는 요즘 너무 무기력해요. 아무것도 하고 싶지 않아요."

어느 날 학생 한 명이 찾아왔다. 갑자기 무기력해진 자신의 모습에 '이게 뭐지?' 하며 놀라서 찾아온 것이다. 나는 아이 앞에 감정 카드를 쭈욱 펼친 뒤 하나를 선택하게 했다.

"이 카드 중에 지금 너의 감정을 표현해 주는 카드를 집어 볼래."

5분, 10분이 흘렀지만 학생은 선뜻 카드를 선택하지 못했다.

"이 카드 중에 해당하는 것이 없니?"라고 물었더니 "아니요, 없는 것이 아니라 지금 내 감정이 어떤지 잘 모르겠어요."라고 했다. 15분이 지났는데도 고르지 못해서 결국에는 감정 카드는 정리하고 질문 카드를 활용해서 아이가 감정 상태를 끄집어내게 했다.

"나는 무얼 하며 살고 있는 거지?"

"공부도 안되고 괜히 짜증만 나는 지금 기분은 뭐지?"

어른들도 가끔은 자신이 누구인지, 지금 가지고 있는 감정이 어떤 감정인지 모를 때가 많다. 이런 무력감이 찾아올 때마다 '나는 왜 이토록 바보 같지.'라고 생각하기보다는 '아, 나에게 지금 무력감이 찾아왔구나.'라며 자신의 마음 상태를 이해해 주는 게 좋다. 그러면서 왜 무력감이 생겼는지 지난 상황들을 더듬어 본다. 뭔가 자존감 상하는 일이 있을 수도 있고, 학교에서 친구들과의 관계가 원만하지 않기 때문일 수도 있다. 밥 먹을 때 들은 엄마의 한마디가 가슴에 비수로 다가왔을 수도 있다. '아, 그래서 내가 지금 무기력하구나.'라며 자신의 마음을 이해하면 무기력의 수렁에서 쉽게 빠져나올 수가 있다.

내 감정을 이해하기 위해서는 항상 자신을 살펴봐야 한다. 창피당할까 봐 두려워서 실수 안 하려고 하기보다는, 완벽하지 않아도 괜찮다는 마음가짐으로 자신을 살펴보는 것이 중요하다. 마음이 울렁거리고 무기력해질 때는 '좀 실수하면 어때.' 하며 자신을 들여다보는 거다. 무기력의 원인을 살펴보면서 자신을 받아들이면 삶을 어떻게 살아가야 할지 답이 보인다.

매일매일 내 감정을 이해하는 방법을 살펴보자.

첫째는 매일 감정 일기를 저녁 잠자기 전에 적는다. 요즘은 스마트폰 애플리케이션에도 메모장이 있다. 이불 속에서 메모장을 열고 아침부터 저녁까지 생활한 것을 정리하면서 어떤 감정이 일어나고 사라졌는지 살펴서 적는다. 많이 적어야 한다는 강박 관념에서 벗어나 매일 한두 개씩만 적어도 된다. 이렇게 메모장에 적으면서 내 감정을 알아차린다.

인간은 하루에 많은 것들을 선택하면서 살아간다. 그 선택 속에서 우리의 감정들이 표출된다. 살다 보면 매일 좋은 감정만 가질 수는 없다. 때로는 슬프기도 하고 힘들기도 하며 괴롭기도 하다. 그 감정들이 일어났을 때 나는 어떻게 대처해 나가는지 곰곰이 생각할 필요가 있다. 감정 일기는 나를 만나는 시간을 갖기 위한 도구이다. 나의 감정을 이해하게 될 뿐 아니라, 불편한 감정들이 매일매일 이어질 때 감정 일기를 다시 읽어 보면서 그때에는 어떻게 견디었는지를 살펴볼 수 있다. 그러면 다음 날 아침에는 더 상쾌하게 하루를 시작할 수 있다.

둘째는 긍정적인 경험을 많이 하는 것이다. 인간은 태어나면서 부정적인 상황들을 만들고 고민한다고 한다. 온종일 부정적인 생각을 많이 하면 울적하고 에너지가 몸 밖으로 빠져나가는 것을 느낀다. 이렇게 부정적인 생각들이 지배할 때는 빠르게 긍정적인 생각으로 전환해 줘야 한다. '나는 긍정적인가?' '이 정도는 할 수 있어.'라며 긍정적인 에너지를 보충해 준다. 부정적이고 불편한 마음일 때 긍정적으로 생각하면 기분이 좋아진다. 이런 경우가 긍정적인 경험이라고 할 수 있다.

진로와 직업 수업 시간에 가장 많이 강조하는 것이 '할 수 있다.'라는 긍정의 마음을 불어넣는 활동이다. 아침 등굣길에 불편했던 것을 한순간에 날려 버릴 방법을 공유하면서 불편하고 우울했던 기분을 말끔하게 씻어 내게 한다.

청소년기에는 너무 완벽하게 하려고 애쓰지 않아도 된다. 인간은 누구나 불완전한 존재라는 것을 인식해야 한다. 공부도 잘하고 운동도 잘하는 모범생 친구도 자세히 살펴보면 하기 싫어하는 것도 있고 좋아하지 않는 것도 있기 마련이다. 친구들이 잘하는 것을 너무 부러워하지도 말고, 오직 나의 활동 속에서 삶을 어떻게 살아갈 것인지 미래만 바라보면서 학교생활을 해야 한다. 항상 긍정적이고 자신감 넘치는 친구들이 학교생활도 잘하지만, 세상에 나가서도 성공하는 확률이 높다. 부정적인 감정으로 하루를 살든 긍정적인 감정으로 하루를 살든 시간은 흘러가고 결과는 똑같이 나타난다. 이왕이면 즐겁고 긍정적인 마음으로 하루하루를 살려고 노력해야 한다.

지금 힘들고 우울하고 무기력하다면 가슴속에서 일어나는 감정 변화를 알아차리고 부정적으로 바뀌려는 마음을 들여다보며 이해하고 공감해줘야 한다. 적극적이고 긍정적인 사람이 올바르게 성장하고 성공한다.

지금 힘들고 우울하고 무기력하다면 스스로를 들여다보고 이해해야 감정을 제대로 파악할 수 있다.

5장 자존감을 높여 볼까?

심리학자인 알프레드 아들러(Alfred Adler)는 인간의 행동과 감정에는 저마다 고유한 목적이 있다고 말했다. 사람은 스스로 정한 목적을 달성하기 위해 모든 수단을 동원하며 살아간다. 목적을 달성하는 힘은 능력에 따라 차이가 있겠지만, 목적을 달성한 이들에게는 한 가지 공통점이 있다. 그들은 자신감과 자존감이 높았다.

알프레드 아들러는 인간이 감정을 선택하는 데는 여덟 가지 원칙이 있다고 한다.

첫째는 일상생활 속에서 생활 양식이 어떤지 알고 그것이 내게 도움이 되는지 생각하기다. 도움이 되지 않는다면 다른 생활 양식을 선택해야 한다.

둘째는 감정을 있는 그대로 받아들이기다. 부정적 감정은 나쁜 감정이 아니다. 어떤 감정이든 편안하게 받아들여야 나를 있는 그대로 인정할 수 있고, 나를 그대로 인정하면 새로운 감정을 선택하는 것이 수월해진다.

셋째는 과거에 얽매이지 않기다. 과거는 바꿀 수 없으므로. 이미 지난 일을 아무리 후회해 봤자 소용없다. 과거에 지배당하지 말고 오직 현재에 충실하자. 나에게는 과거에 얽매이지 않을 자유가 있다.

넷째는 내가 무슨 생각을 하는지 깨닫기다. 생각이 감정을 좌우한다. 부정적인 생각을 하면 부정적인 감정이 다가오고, 반대로 긍정적인 생각을 하면 긍정적인 감정이 다가오는 것을 깨닫는다.

다섯째는 감정의 목적을 인식하기다. 모든 감정에는 분명한 목적이 있다. 내가 느끼는 감정의 목적이 무엇인지 알고, 그 목적을 계속 추구하면서 어떤 결과가 생길지 곰곰이 생각해 본다.

여섯째는 부정적인 생각을 긍정적으로 바꾸기다. 원하는 감정을 선택하려면 생각을 긍정적으로 바꿔야 한다. 자신의 비합리적인 믿음을 논박하고 부정적인 상황에서도 긍정적인 가능성을 찾아보자.

일곱째는 언어 습관 바꾸기다. 수동적인 말을 사용하면 감정의 주인이 될 수 없다. 단정적인 말을 사용하면 편견에 빠지기 쉽다. 수동적, 단정적인 말을 피하고 능동적인 말로 내 감정에 책임을 져야 한다.

여덟째는 감정을 바꾸는 구체적인 계획 세우기다. 어떤 감정을 갖고 싶은지 정리하고 이를 위한 현실적이고 구체적인 계획을 세워 꾸준히 실천해야 한다. 급변하는 현대 사회에서는 감정을 알아차리고 감정을 조절할 줄 아는 것이 중요하다. 물질적으로 풍요로운 환경 속에서 육체적으로 건강하게 성장하고 있지만, 감정이라는 것을 제대로 통제하지 못하면 하고 싶은 의욕도 사라지고 자존감도 낮아질 수밖에 없다.

겉으로 보기에는 건강하고 활달하지만, 화가 많고 참지 못하는 아이들이 있다. 그들의 내면을 보면 자존감이 낮아서 감정을 조절하지 못하는 경향이 있다. 자존감이 낮은 사람은 속 빈 강정처럼 쉽게 부서진다. 겉으로는 건강해 보이지만 불안감 때문에 방황하다가 욕구 불만이 불거지면 자기도 모르게 비행을 저지르기도 한다. 남들에게 보여 주기 위해 비행이란 방법으로 표출하기도 한다.

어느 날 불안감이 찾아오고 화가 난다면 왜 그런 감정이 생겼는지 살펴봐야 한다. 감정대로 살 수 없다는 사실을 스스로 깨우쳐야 한다. 감정을 통제할 줄 알고 주변 환경과 잘 어울려 지내려는 태도가 자존감을 높이는 길이다.

하고 싶은 것이 없고 미래가 불안하게 느껴지거나 주변 사람들과의 관계에서 스트레스받고 있다면, 나의 자존감은 잘 있는지 점검해 보자. 자존감과 자기 효능감은 세상을 살아가는 힘이다. 세 살 버릇이 평생 가듯이 급변하는 세상을 긍정적으로 바라보는 태도를 습관화하는 것이 인생을 살아가는 데 도움이 된다.

01 긍정적으로 생각하기

질문1 나는 지금 어떤 상태인지 체크해 보아요.

매우 긍정적이다.	매우 부정적이다.
□	□

질문2 긍정적으로 생각했을 때 어떤 기분이 드는지 적어 보아요.

질문3 부정적으로 생각했을 때 어떤 기분이 드는지 적어 보아요.

질문4 부정적인 마음을 긍정적으로 바꾸는 방법을 나름대로 생각해서 적어 보아요.

활동지 작성 후 나는?

* 나의 상황이 긍정적인지 부정적인지 파악할 수 있다.
* 긍정적으로 생각했을 때와 부정적으로 생각했을 때의 나의 감정을 이해할 수 있다.
* 부정적인 생각보다 긍정적인 생각이 살아가는 데 도움이 된다는 걸 알았다.

심리학자 제니퍼 크루커(Jennifer Crooker)와 로라 파크(Lora Park)는 "자존감을 추구하는 데 성공하면 기분도 좋고 의욕도 생기겠지만 단기적이고 장기적인 손실을 볼 수밖에 없다. 능력, 인간관계, 자율성 같은 기본 자질을 키우는 데 소홀해지고 자기 조절 능력이 떨어지며 정신적 육체적 건강이 나빠진다."라고 했다.

자존감은 일단 기분을 좋게 하고 의욕을 자극하기도 한다. 그리고 끊임없이 남들에게 자신의 가치를 보여 주게 한다. 그렇다면 자존감의 높고 낮음과 학습은 어떤 관계가 있을까?

자아 존중감(self-esteem)이란 자신이 얼마나 유능하고 중요하며 성공적이고 가치 있는 존재인가에 대한 태도, 느낌, 판단 및 평가라 할 수 있다. 따라서 자존감은 "나는 나 자신에 대해 어떻게 생각하는가?"에 대한 전반적인 평가다. 그런데 사람이 자신을 평가하거나 사물을 바라보는 방식은 사진기가 사물을 보는 방식과는 다르다. 예컨대 사진기는 사물을 있는 그대로 객관적으로 보지만, 사람은 사물을 주관적으로 재구성해서 본다. 이런 지각 현상은 자신을 볼 때도 마찬가지다. 사람마다 왜곡과 편견이 자기 지각의 과정에 작용한다. 자신과 사물을 보는 방식이 건강하지 못하면 열등감, 부적절함, 불행, 무가치감 등의 부적절한 정서를 가질 수 있고 이러한 정서는 자아 존중감을 낮춘다.

수업 시간에 적극적으로 참여하고 활달하며 긍정적이고 자존감이 높은데 시험을 보면 성적이 예상외로 저조한 아이들이 있다. 이들의 문제는 뭘까? 너무 자존감이 높아서일까 아니면 너무 자존감이 높고 자만심이 가득해서일까?

시험공부 하라고 시간을 주면 삼삼오오 모여서 서로 질문하면서 공부하는 부류가 있고, 조용히 앉아서 누가 볼까 봐 팔로 가리면서 머리 숙이고 공부하는 학생도 있다. 내성적인 성향을 보이지만 정말 열심히 앉아서 공부하는데 성적은 예상외로 저조한 학생도 있다. 이 학생은 자존감이 낮아서 성적도 낮은 것일까?

나는 그래도 자존감이 높은 학생이 성적도 오를 것이라고 믿는다. 자존감이 높은 학생일수록 학습 활동에 끈기 있고 적극적으로 임하며, 주변에서 일어나는 일들에 호기심이 많아서 학습에도 관심과 열정을 갖기 때문이다. 또 이런 학생은 제시하는 수행 평가나 과제를 처리하는 성공 경험이 많아 스스로 공부를 잘할 수 있다는 자신감이 있으며, 성취 기대나 학습 동기가 높다.

자존감이 낮은 학생은 자신감도 없고 자신에 대한 믿음도 부족하며, 과제에 대한 흥미와 노력이 부족하고 학습 동기도 낮아 자연히 학습 성취도도 낮다.

진로 수업 시간에 동기 부여 영상을 보여 주면서 긍정적인 마음가짐이 성공의 열쇠가 된다고 말하면, 아이들 반응이 두 갈래로 나뉜다. 교사의 말을 있는 그대로 받아들이는 아이들도 있고 "설마, 그게 되겠어요. 그 사람이 특별한 거겠죠."라며 부정적으로 받아들이는 아이들도 있다. 그런데 부정적인 성향의 답변을 한 아이들을 보면 매사에 불만과 불평이 있다 보니 학교생활도 원만하지 못하다.

자존감을 키우기 위해 첫 번째로 필요한 것은 긍정적으로 생각하는 마음이다. 항상 불안하고 불평불만 가득하며 상대방 말을 믿지 못하고 불신한다면 되는 일이 없다. 모든 일은 마음에서 나온다. 나는 항상 긍정적이다. 때때로 불안감이 찾아오기도 하지만 오래도록 마음에 담아 두지 않는다. 학창 시절에도 열등감이 심하고 자존감이 낮았지만, 긍정의 마음 하나는 우수했다. 평소 방안에 앉아서 천장을 바라보며 늘 잘되는 긍정적인 공상만 했다. 어린 시절 상상 속에서 나는 항상 우주 공간을 날아다니는 우주선 안에 있었다.

긍정의 역설이라는 말이 있다. 긍정적으로 생각한다고 해서 모든 일이 이뤄지는 것은 아니다. 예를 들어 '이번 시험에서 전 과목 100점 맞을 거야.'라며 긍정적으로 생각한다고 해도 모든 과목에 백 점이 나오지 않을 수 있다. 생각만 했지, 예전과 똑같은 방법으로 공부하고 더 열심히 하지 않았다면 결과는 예전과 비슷하게 나올 것이다. 이루어질 수 없는 공상은 오히려 피곤할 뿐이다. 긍정의 마음도 자신의 능력에 맞아야 한다. '이번 시험에서 평균 5점 올릴 수 있어.' '이번 달 용돈을 모아서 내가 좋아하는 걸 사야지. 벌써 기분이 좋아지는데.' 등 이뤄질 수 있는 긍정적인 공상을 하자.

아침에 등교해서 잠자리에 들 때까지 긍정과 부정적인 생각 또는 단어를 사용했는지 스스로 체크해 보자. '난 할 수 없어.'라는 부정적인 생각으로 도전해 보지도 않고 포기한 것들이 있는지 생각해 보자. 무수한 실패를 딛고 일어난 사람들의 특징은 바닥까지 떨어져도 다시 일어설 수 있는 긍정적 마음가짐을 가진 것이다. 위기 속에서도 '위기는 금방 지나갈 거야.' '다시 일어설 수 있어.' '나를 도와주는 사람이 있을 거야.' 등의 마음가짐을 가졌기에 다시 성장할 수 있었다.

할 수 없다는 불안감 속에 스스로 갇혀 살지 말자. 자존감을 키우려면 먼저 부정적인 마음을 긍정적으로 바꿔야 한다. 긍정으로 생각하고 행동하는 것도 습관이다. 친구, 부모님, 선생님 등 주변 사람이 말하는 것을 부정적으로 받아들이지 말고 좋은 의미로 받아들이는 연습을 하자.

긍정적인 마음가짐이 자존감을 키우는 디딤돌이다.

02 할 수 있다는 용기 갖기

질문1 지금 고민하고 있는 것 세 가지만 적어 보아요.

1	(예) 어느 고등학교로 가야 할지 고민이다.
2	
3	

질문2 지금 당장 도전해 보고 싶은 것 세 가지만 적어 보아요.

1	(예) 이번 방학 때 친구들과 역사 탐방 다녀와야지.
2	
3	

질문3 **도전하기 위해 준비해야 할 것들을 적어 보아요.**

(예) 부모님 설득하기, 여행 경비 마련하기, 각자 준비물 배분하기, 여행 계획 세우기.

활동지 작성 후 나는?

*고민을 적어 보고 해결 방안을 찾을 수 있다.

*두려움이 없다면 도전해 보고 싶은 것을 찾을 수 있다.

*세상을 향해 도전하기 위해 무엇을 준비할지 알았다.

"얌전한 고양이가 부뚜막에 먼저 올라간다"라는 속담이 있다. 1992년 대학교를 졸업하고 두 달 후 결혼한다고 하자 동네 어르신들이 나에게 한 말이다. 지금도 고등학교 동창들을 만나면 "네가 A라고? 완전히 다른 사람이네."라며 놀라기도 한다. 사실 청소년 시절 나는 동네에서나 학교에서나 항상 말도 없고 행동도 뭔가 어설퍼 보이는 데다 숫기 없고 에너지 제로로 존재감이라곤 없었다.

"재는 어른이 돼서 제대로 먹고살 수 있을까?"

"저렇게 의기소침해서는 아무것도 할 수 없을 텐데."

"남자가 용기가 없어서 어떻게 살아갈래. 결혼이나 할 수 있겠니."

"밥 먹는 게 그게 뭐냐. 깨작거리지 말고 푹푹 퍼서 먹어."

청소년 시절 주변 사람들이 했던 걱정들이다. 그러나 40년이 지난 지금은 완전히 다른 삶을 살고 있다. 20대까지 하고 싶은 것이 뭔지 생각하지도 못했다. 앞날이 캄캄했다. 지금 생각해 봐도 삶의 과정 중에 암흑기였던 것 같다.

직장 생활 하면서 세상을 제대로 살아가려면 기존에 가지고 있던 생각을 바꿔야겠다고 다짐했다. 그동안 이루어질 수 없는 공상을 많이 했다면 이때부터는 실행 가능한 목표를 세우고 이를 이루기 위해 태도와 관점을 바꾸기로 한 것이다.

구성원이 각자에게 주어진 일을 성실하게 책임지고 수행할 때 그 조직은 성장한다. 개인도 마찬가지다. 나에게 주어진 일을 성실하게 해 나가야 꿈꾸는 대로 나의 역사가 만들어진다. 나는 아침에 일어나서 침상을 정리하고 시간에 맞추어 출근하고, 은행 업무를 마치면 바로 사무실로 복귀하고, 그날 해야 할 일은 그날 마무리하는 등 맡은 일부터 제대로 처리하는 습관을 만들어 갔다.

"다른 직원들은 은행 업무를 시키면 한두 시간 걸리던데, 자네는 굉장히 빠르게 처리하는군."

직장 생활한 지 몇 년 후 상사가 했던 말이다. 출근해서는 업무 외의 개인적인 일은 절대로 하지 않고 맡겨진 일에만 충실했다. 용기란, 해야 할 일을 안 하고 딴짓을 하는 게 아니라, 나에게 맡겨진 일을 성실하게 수행하는 것이라고 굳게 믿었다.

넬슨 만델라는 "용기란 두려움을 느끼지 않는 것이 아니라 두려움을 극복하는 것"이라고 했다. 두려움이 없는 상태를 말하는 것이 아니라 두렵지만 계속 앞으로 나아가는 것이란 의미다. 인간은 전지전능한 신이 아니다. 닥친 일을 스스로 극복해 나가는 것이 우리에게 주어진 숙명이다. 바꾸어야 할 것을 바꾸고 의지대로 살아가는 것, 즉 자기 삶을 주체적으로 살아가는 것이 용기라고 할 수 있다.

여러분은 지금 어떤 태도로 청소년기를 보내고 있는가? 주도적으로 삶을 개척하는가, 아니면 남의 눈치나 보면서 적당히 시간을 보내면서 살고 있는가? 또는 가방만 메고 학원과 학교를 오가고 있는가?

청소년기는 뭘 해도 용서가 되고 뭐든지 도전하기 좋은 시기다. 주눅 들지 말고 스스로 어떻게 살아갈 것인지 생각하고 그 삶을 위해 용기를 가져야 한다. 삶을 어떻게 살아갈지 물어보면 "아직 그런 걸 생각하기에 이르지 않나요." 라는 답변이 돌아온다. 유대인들은 자녀가 어려서부터 "너는 세상을 위해 어떤 일을 하면서 살아갈 거니?"라고 질문한다고 한다. 자기 주도적인 삶이란, 이런 질문에 스스로 생각하고 끊임없이 탐구해 나가는 삶이다.

방학 중에 진로 캠프를 계획해서 학생들을 모집한다. 스스로 관심 있어서 신청하는 학생도 있고, 부모님 강요 때문에 신청하는 학생들도 있다. 체험을 가보면 두 부류의 학생들 모습이 확연히 다르다. 스스로 신청한 학생들은 어떤 활동이든 적극적으로 임하며 뭐든 하나라도 배우려고 도전한다. 그런데 부모 때문에 반강제적으로 참여한 학생들은 수동적이고 시간만 때우려는 경향이 보인다.

주어진 일에 최선을 다할 때 꿈도 보이고 즐거움도 찾을 수 있다고 말했었다. 관심도 없는데 부모님 때문에 참석했더라도 적극적으로 참여하는 마음의 자세를 갖는다면 평소 몰랐던 것들을 배울 좋은 기회가 된다.

어른이 되어서 많은 사람이 하는 말이 있다.

"이런 생각을 중고등학교 시절에는 왜 못 했을까?"

"다시 학창 시절로 돌아간다면 하고 싶은 것 다 하면서 살고 싶어요."

좀 더 일찍, 할 수 있다는 용기를 가지고 여러 분야에 도전했다면 나는 지금과 다른 세상에서 살고 있을 것이다.

주어진 상황 속에서 최선을 다하자. 할 수 있다는 믿음으로 도전하고 싶은 것들을 용기 내어 실행해 보자. 용기 있는 사람이 세상 속에서 성장하고 세상을 품을 수 있다.

용기란 두려움을 극복하는 것이다.
할 수 있다는 마음가짐으로 세상을 향해 전진하라.

03 공부에 스트레스받지 않기

질문1 **수업 시간에 선생님 몰래 다른 과목을 공부한 적이 있는지 생각해 보아요.**

수업 시간에는 다른 과목 숙제를 절대로 하지 않는다.	□YES □NO
학원 숙제가 많아서 수업 시간에 숙제한 경험이 있다.	□YES □NO
제출해야 할 것들이 많아도 수업 시간에 하는 것은 옳은 행동이 아니라고 생각한다.	□YES □NO
시험 안 보는 과목이나 중요하지 않은 과목 시간에는 숙제 좀 해도 된다.	□YES □NO

질문2 **공부하는 것이 힘들었던 적이 있다면, 그 경험을 적어 보아요.**

어느 날 갑자기 공부하는 것이 힘들었던 적이 있나요? 그때 이야기를 적어 보아요.	
어떻게 극복했나요?	

질문3

누구나 스트레스를 받으며 살아요. 수많은 스트레스를 한 방에 날릴 나만의 비법을 공유해 보아요.

(예) 피아노 건반을 쿵쾅쿵쾅 누르면 스트레스가 해소된다.

활동지 작성 후 나는?

* 공부에 대한 스트레스는 나의 태도에 달렸다는 것을 알았다.
* 즐겁게 공부하기 위한 나만의 비법을 찾았다.
* 수업 태도에 문제가 있었다는 걸 알았고, 이제는 모든 과목에서 집중할 수 있게 됐다.

진로와 직업 3교시 수업 시간에 한참 동안 강의를 하는데, 뒤쪽에 앉은 C가 뭔가 열심히 적고 있었다. 나는 수업 내용을 적는 것이라 생각하면서 열심히 설명해 줬다. 20여 분이 지난 후 활동지를 하는 시간이 되었다. 교과서에 있는 활동지를 작성하게 하고 학생들 사이를 지나면서 살펴봤다.

"교과서 밑에 있는 게 뭐니?"

C의 교과서 밑에는 수학 문제집이 숨겨져 있다. 수업 시간에 몰래 수학 문제를 풀려고 맨 뒤에 앉았던 것이고, 강의 내용을 메모한 것이 아니라 수학 문제를 푼 것이었다.

"수학 학원 숙제니?"

야단맞을까 봐 긴장한 아이는 내가 학원 숙제냐고 묻는 말에 안도하면서 맞다고 대답했다.

"C는 2교시에도 수학 문제 풀다가 국어 선생님에게 걸려서 혼났어요."

주변 친구들이 말해 주었다. 학원 숙제가 많은지 물었더니 C는 많아서 힘들다고 했다. 그래도 수업 시간에 해서는 안 된다고 주의를 주고, 진로 활동지부터 빨리 작성하고 나서 시간이 나면 수학 문제를 풀도록 했다.

때로는 '○○학습지'를 기계적으로 풀고 있는 학생들도 있다. "이 학습지는 초등학교 때 하는 것 아니니?"라고 물으면 "엄마가 하래요, 이것도 안 하면 공부 절대로 안 할 거라고 말씀하셔서 이 학습지만 하는 거예요."라고 대답한다. 집에서 해야 할 일을 학교에서 하는 것이다. 그마저도 쉬는 시간이나 점심시간에는 친구들과 신나게 노느라 수업 시간에 딴짓하는 것이다. 이런 학습 태도에서 성적이 제대로 나올 리가 없다.

학원 숙제와 '○○학습지'를 풀어야 한다는 강박 관념 탓에 친구들과 제대로 놀지도 못하고 수업 시간에 집중도 못 하는 것이다. 부모님이 시켜서 하는 것이니 해야 한다는 강박 관념 탓에 규칙을 어겨서까지 하려는 경향을 보인다. 이렇게 공부해서 아이가 얻는 것은 과연 뭘까?

이렇게 자란 아이는 미래에 성인이 되고 결혼해서 자녀를 키우면서 똑같은 방식으로 공부를 강요할 확률이 높다. 공부를 스트레스받으면서 해서는 안 된다. 수업 시간에 전혀 다른 과목의 문제를 풀고 있다면 두 과목 모두 놓치고 만다. 국어 수업도 제대로 듣지 못하고, 선생님 몰래 수학 문제도 풀어야 하니 걸릴까 바 불안하고 기계적으로 해결할 뿐이지 머릿속에 오래 남지도 않는다.

초등학교를 졸업하고 중학생이 되면서 학습에 대한 불안감이 점점 더 커진다. 초등학생 때보다 공부해야 하는 과목과 공부의 양이 늘기 때문이다. 부모들은 부모 나름대로 자녀들이 딴생각하지 않고 공부에만 몰입하도록 일주일 동안 쉴 틈도 주지 않고 여러 학원을 돌리는 경향이 있다. 학생들이 잠자는 시간을 제외하고 온종일 공부에만 빠져서는 안 된다. 요즘 아이들은 학교에서 7교시를 하며 에너지를 모두 사용하고도 학원에 가서 또 공부를 한다. 이렇게 어린 나이부터 공부만 하다 보니 커 가면서 공부가 싫어지고 대학교를 졸업하면 책은 절대로 쳐다보지 않고 공부와 담을 쌓는다. 그렇다면 공부 스트레스에서 벗어나는 방법은 뭐가 있을까?

첫째, 과제는 집에서 처리하는 습관을 갖자. 학교에서는 적극적으로 수업 활동에 참여하고 쉬는 시간이나 점심시간에는 친구들과 즐겁게 보내라. 과제를 집에서 하려면 학원 숙제가 적어야 하고, 게임 시간을 줄여야 한다. 초등학교 고학년과 중학생이 되면서는 스스로 학습하는 시간을 확보해야 한다. 과제를 많이 하는 것이 스스로 학습이 아니다. 학원 과제가 많으면 부모님에게 말씀드려서 적절한 해결책을 찾아야 한다.

둘째, 1등 하겠다는 욕심을 버려라. 공부는 멀리 내다보고 해야 한다. 대학교 수능 준비 시점인 고등학교 3학년을 바라보면서 차근차근 하루에 스스로 학습하는 습관을 만들어야 한다. 가파른 곡선을 만드는 것이 아니라 고등학교 3학년을 100%로 설정하고, 자신의 학습력을 중학생 때까지 50%, 고등학생 때까지 50% 높이는 전략이 필요하다. 중학교 다닐 때 1등 했다가 고등학교에 가서 100등 이하로 추락하는 사례도 많이 봐 왔다. 힘들여서 공부하지 말자.

셋째, 어떤 사람이 될 것인지, 어떤 일을 하면서 즐거운 삶을 살 것인지부터 생각해야 한다. 명확한 진로 목표를 세울수록 배움이 즐겁다. 시험 보기 위한 공부가 아니라 꿈을 이루기 위한 공부를 해야 한다. 그래야만 스트레스받지 않는다. 꿈을 이루기 위한 공부를 하라는 것은 학교에서 배우는 모든 과목에 성실하게 참여하면서 더 배울 과목에 집중하라는 의미다. 공부 편식은 진로 목표를 이루는 데 걸림돌이 된다.

초등학교 고학년부터는 책임감 있게 스스로 실천할 수 있는 학습 계획을 세우는 것이 좋다. 시험 잘 보기 위한 공부에만 신경 쓰다 보면 성장을 위한 학습이 되지 않는다. 1등 하기 위해서가 아니라 미래 자신의 삶을 만들어 가기 위한 학습이 되어야 한다.

세상을 살아가면서 어떤 일을 하고 싶은지, 세상에 어떤 도움을 줄 것인지 생각하면서 공부해야 한다. 배운 것을 실천하면서 사는 삶이 행복이고 즐거움이다.

1등을 목표로 한 공부보다
행복한 삶을 만들기 위한 공부를 해야 한다.

04 현실을 있는 그대로 받아들이기

질문1 **나의 감정을 살펴보아요.**

나는 지금 즐거운 일보다 슬픈 일이 더 많다.	□YES □NO
내가 살고 있는 모습에 불만이 많다.	□YES □NO
학원이라도 그만두고 싶은데 부모님이 걱정할까 봐 얘기하지 못한다.	□YES □NO
'우리 집이 부자였으면 좋겠다.'라는 생각을 자주 한다.	□YES □NO
담임 선생님과 갈등으로 학교생활이 힘들다.	□YES □NO
공부할수록 자존감이 떨어진다.	□YES □NO

질문2 **자신의 자존감에 상처를 주는 일들을 적어 보아요.**

(예) 피아노 연습을 많이 했는데 교내 경진 대회에서 성적이 저조했다.

질문3 **자존감 향상을 위해 내가 할 수 있는 것들을 공유해 보아요.**

(예) 피아노 경진 대회에서 성적은 저조했지만, 항상 음악을 즐기기 때문에 스트레스는 없다.

활동지 작성 후 나는?

* 자존감이 낮아지는 이유를 알았다.
* 주변 상황에 따라 변하는 감정들을 있는 그대로 받아들이게 됐다.
* 자존감을 높이는 전략을 나름대로 파악할 수 있다.

40년 전 버스를 타고 고등학교에 다녔는데, 학교까지 15분 정도 걸렸다. 버스가 하루에 서너 대 다니다 보니 하굣길에 중고등학생들이 뒤섞여서 동네 어귀에서 내렸다. 빠르게 앞서서 걷는 친구들도 있고 서너 명이 모여 도란도란 얘기하면서 걷는 친구들도 있었다. 어느 날부턴가 빠르게 걷는 부류의 친구들 속에 끼여 있는 나를 발견했다. 그런데 앞서가면서 여러 명의 시선이 부담스러워 자꾸 뒤를 돌아보면서 걸었다. 괜스레 의심하고 불안감이 생기는 것이 사람 심리인 것 같기도 하다.

활달하고 자기주장을 잘하는 친구들을 보면 '어떻게 원하는 것을 저리 당당하게 말할 수 있을까?' '어떻게 친구들 앞에서 저리 자연스럽게 말을 잘할까?' '어떻게 해야 여학생들과도 즐겁게 지낼 수 있을까?' 생각하며 부러워했다. 그 애들처럼 말 잘하고 누구와도 잘 어울리고 싶었다. 주변 사람과 관계를 아주 잘 맺는 친구들을 보면서 열등감을 느끼고 자존감도 낮아졌다.

학창 시절 스스로 만들어 놓은 공상 속 세상에서 많은 시간을 보냈다. 지금 생각해 보면 혼자만의 테두리에서 숨어 지내는 건 현명한 게 아니었다. 잠깐은 편할지 모르지만 긴 세월이 지나고 보면 자존감만 낮아지고 용기 내기 더더욱 힘든 상태가 되고 만다. 무기력해져 가는 자신을 깨우기 위해서는 앞으로 일어나는 모든 일을 그대로 받아들여야 한다는 사명감이 필요했다.

한 번은 체육 대회 때 반 대항 축구 결승전이 열렸다. A는 1반 축구팀의 주장으로서 경기를 진두지휘했다. 목표가 확실했고 조금만 더 열심히 뛰면 우승은 따놓은 것이나 다름없었다. 하지만 시간이 흐를수록 A는 초조했다. 3반 아이들이 체계적으로 움직이면서 1반을 위협했다. A는 화가 나기 시작했다. 주장의 말을 듣지 않고 제멋대로 경기하는 팀원들이 마음에 들지 않았다. 경기 내내 화를 내면서 동분서주했지만 결국에는 3반에 지고 말았다.

A는 결과를 도저히 받아들일 수 없어서 반 친구들에게 욕을 퍼붓고 자리를 떴다. 모두 열심히 뛰었지만 한 사람의 돌발 행동 탓에 1반의 분위기는 침울해졌고 A를 비난하는 목소리가 커지기 시작했다. 결국 체육 대회가 끝나고 A는 반 친구들로부터 외면받는 처지가 됐다.

A는 왜 화를 내고 축구 경기에서 패한 이유를 모두 친구들 탓으로 돌렸을까? 경기 결과에 너무 집착한 탓일 수도 있고, 승리욕이 넘쳐난 탓일 수도 있다. 그러나 다르게 생각해 보면 어떤 일에서든 인정받기를 원했던 A의 그릇된 욕구 탓이었을 수도 있다. 자신이 1반에서 축구를 가장 잘하고 자신 아니면 우승할 수 없다는 자만심이 결국 친구들 사이에서 갈등을 유발하는 원인이 되었

을 수도 있다.

자존감을 끌어올리기 위해서는 모든 것을 받아들이려는 안정된 마음가짐을 갖는 것이 중요하다. 현재 눈앞에 펼쳐져 있는 세상 속에서 무엇을 할 수 있는지 생각하고 바로 앞에 닥친 일을 하나씩 처리해 가는 태도를 지녀야 한다. 모든 사람이 좋은 것만 선택하면서 살아갈 수는 없다. 매일 똑같은 일들이 반복될 수도 있지만, 대부분은 하고 싶은 일도 생기고 하고 싶지는 않은 일도 생긴다. 따라서 모든 일이 내 생각대로 일어나지 않을 수도 있다는 긍정적인 생각을 가져야 한다.

주변을 살펴보면 자신의 능력 밖의 일 때문에 고민하는 학생들이 많다. 하고 싶은 것을 탐색하는 시기가 청소년기다. 따라서 10대 청소년기에는 자신이 가지고 있지 않은 재능 때문에 고민하기보다는 자신이 가진 재능을 발견하는 것이 중요하다. 자신의 능력을 정확히 알고 찾아낸 사람은 어떤 위기도 극복할 힘을 갖는다. 고민하되, 고민만으로 끝나면 아무것도 이룰 수 없다. 청소년기는 삶을 윤택하게 만들 기회이자 희망을 품는 시간이다.

하루하루 매 순간에 일어나는 일은 다 소중하다. 그러나 모든 것을 무조건 받아들이려는 태도로 살아가야 한다는 의미는 아니다. 좋은 것도 나쁜 것도 없다고 생각하고 현실에서 일어나는 일로 화를 내고 짜증 내기보다는 받아들일 줄 아는 태도가 마음의 평화를 가져다줄 것이다.

인생을 살면서 좋은 것만 행복한 것만 선택하면서 사는 것은 불가능하다. 눈앞에 벌어진 일들을 하나씩 자신의 능력 범위 안에서 처리해 가면서 성장하는 것이다.

열등의식은 현실에서 자신을 초라하게 만든다. 항상 자신의 역량보다 목표를 높게 잡다 보니 주변과 비교하게 되고, 목표를 달성하지 못하면 자존심이 상하면서 자존감도 땅에 떨어진다. 인정받기를 원하는 사람들은 인정받지 못하면 자존감이 낮아진다. 무슨 일을 하든 항상 성취감을 얻고자 하는 경향이 있다. 열등의식은 자기 성장의 기회가 되기도 하지만 자신감과 도전하고자 하는 용기를 잃게 할 수도 있다.

현실에 존재하는 우리는 모두 다 괜찮은 사람들이다. 자신의 현실을 인정하고 자신을 있는 그대로 받아들여야 한다. 그래야 하락한 자존감을 다시 끌어올릴 수 있다.

'나는 이것을 이룰 수 없어.'라는 생각은 하지 말자.

6장 불안을 대하는 마음가짐

긍정 심리학자인 마틴 셀리그먼(Martin E. Seligman)이 아주 흥미로운 실험을 했다. 개를 A, B 두 그룹으로 나누고 A 그룹의 개는 도망가지 못하도록 묶어 두고 끊임없이 전기 충격을 줬다. 개는 처음에는 이리저리 뛰어보다가 얼마 지나지 않아 피할 수 없다는 것을 알고 체념한다. 하루 동안 전기 충격에 노출되었던 개는 자유롭게 풀어 주어도 그 자리에 서서 전기 충격을 감당한다. 끈을 풀어 줘도 움직이지 않는다. 한 발만 앞으로 나아가면 자유로운 몸이 될 텐데도 도망가거나 벽을 뛰어넘음을 시도조차 하지 않는다. 그 전기 충격을 피할 수 없다는 무력감을 하루 동안 학습했기 때문이다. 반면에 처음부터 묶이지 않은 B 그룹의 개는 전기 충격을 가하자마자 장벽을 뛰어넘어 옆방으로 도망을 친다. A 그룹의 개들과는 달리 무기력을 학습하지 않았기 때문이다.

조선 시대 대학자인 김득신(金得臣, 1604~1684)의 묘비에는 "재주가 남만 못하다고 스스로 한계를 짓지 말라. 나보다 어리석고 둔한 사람도 없겠지만 결국에는 이름이 있었다. 모든 것은 힘쓰는 데 달려 있을 뿐이다."라는 글귀가 적혀 있다.

학습 태도 관련 검사를 해 보면, 학습 무기력에 빠진 학생이 많다. 진로 상담이나 학습 상담을 해도, 이들 대부분은 안 될 것이라는 생각을 가지고 있다. "선생님 자유롭게 꿈을 가지라면서 결국은 공부하라는 얘기네요." 진로 수업 중에 이렇게 따지기도 한다. 진로 목표를 설정하고 그 꿈을 이루기 위한 공부를 해야 한다는 말이 학습 무기력에 빠진 아이들에게는 공염불일 뿐이다.

이 아이들의 내면을 보면 그래도 공부하고 싶은 마음은 있다. 아주 조그만 불씨지만 무기력증에서 탈출할 씨앗이 되기도 한다. 작은 불씨를 살리는 데 거창한 계획은 필요 없다. 이럴 때는 상황을 있는 그대로 인식하고 공부라는 소리가 왜 싫어졌는지를 살펴봐야 한다. 어려서부터 부모님이 "공부 잘해라." "열심히 해서 SKY 대학교에 가야지." "넌 우리 집안 기둥인데 공부 잘해서 성공해야지."라는 말을 듣고 자라면서 부담감만 커졌을 수도 있다. 남에게 보여 주기 위해 또는 명문 대학교나 대기업에 가기 위해 공부한다는 생각은 일단 지워야 한다. '인생은 백 세부터'라는 말이 있듯이 길게 꾸준히 할 수 있는 학습 계획을 세워야 한다. 공부는 학창 시절에만 하는 것이 아니라는 얘기다. 공부는 평생에 걸쳐 이루어지는 과정이다.

중학교에 와서 첫 시험을 봤는데 기대보다 성적이 낮으면 '역시 나는 안되나 봐.'라고 자책하면서 학습 무기력에 빠질 수 있다. 누구나 첫 시험은 생각처럼 잘 나오지 않는다. 친구들과 경쟁하기보다는 무기력에 빠져들기 쉬운 자신과 경쟁해서 이겨 내야 한다. 중학교 시험부터 실패를 경험하고 자존감이 낮아지면 더 많은 걸 배워야 하는 고등학교 때는 넘을 수 없는 장벽 속에서 살아야 한다. 긍정적이고 친구들과도 잘 어울리는 아이들이 대부분 성적도 좋다. 이런 학생들의 특징은 시험 본 후 결과에 스트레스받지 않고 왜 성적이 생각만큼 나오지 않았는지부터 분석하고 다음 시험에 대비하는 것이다. 자신의 페이스대로 학습해야 성장할 수 있다.

나는 무엇을 잘하고, 무엇을 못하는가?
나는 어떤 일을 즐겁게 할 수 있을까?
나의 성적과 적성에 맞는 직업과 전공은 무엇일까?
나는 무엇을 위해 공부하는가?

공부해서 성적이 오르면 가고 싶은 대학교에 진학해야겠다는 학생들이 있다. 바꿔 말하면 성적이 오르지 않으면 평생 가고 싶은 대학을 가지 못할 수도 있다는 얘기다. 가고 싶은 대학이나 고등학교를 먼저 정해야 점수를 얼마나 올려야 할지 뚜렷한 목표가 생긴다. 성적이 잘 나오면 내가 가고 싶은 직장에 입사하겠다는 것이 아니라, 어떤 직업을 택할지 먼저 정한 후에 그 일을 하기 위해 무엇을 준비할지 구체적으로 계획을 세워야 한다.

10대 청소년기에 뚜렷한 목표를 갖고 꿈을 꾸는 것이야말로 학습 무기력에서 벗어날 수 있는 강력한 힘이다. 꿈꾸는 대로 상상하는 대로 살아가려는 삶의 태도가 무엇보다 중요하다. 직업이든, 대학이든, 사회적 지위든, 멋진 삶을 위해서든 가슴을 뛰게 하는 생생한 상상과 꿈들이 학습에 대한 불안감에서 벗어나 세상 밖으로 뛰어오르게 하는 힘이 될 것이다.

01 시험 끝나기 5분 전

질문1 시험 보던 중에 급하게 화장실에 간 경험이 있다면 적어 보아요.

언제였나요?	어떤 상황이었나요?	시험은 어떻게 했어요?

질문2 시험 보기 전, 나는 어떤 기분과 마음가짐으로 준비하나요?

시험 보는 날 아침 내 기분 상태는?	□매우 좋음 □초조함 □불안함 □평소와 같음
나는 시험 계획을 세워서 준비하는가?	□시험 4주 전부터 준비한다. □시험 3주 전부터 준비한다. □평소 예습 복습으로 시험에 대비한다.
시험 시간 내 태도는?	□시험지를 받으면 아는 문제부터 푼다. □1번부터 차례대로 문제를 푼다. □시험 보는 동안 집중이 잘 된다. □문제를 모두 풀고 두세 번 확인한다.
시험이 끝난 후의 내 태도는?	□쉬는 시간 친구들과 정답을 맞춰 본다. □화장실만 다녀와서 다음 시험을 준비한다.
시험 결과에 대한 내 태도는?	□짜증 난다. □만족한다. □반응 없다.

질문3 시험 시작 전까지 컨디션을 유지하는 나만의 비법을 적어 보아요.

활동지 작성 후 나는?

* 시험에 대한 부담감을 이겨 낼 수 있다.
* 불안감을 조금이라도 덜 느끼려면 평소 시험공부 해야 한다는 것을 알았다.
* 시험 볼 때 마음가짐을 알 수 있다.

"시험 종료 10분 전입니다. 답안 카드 마킹은 잘 했는지 점검하세요."

3학년 교실 시험 감독 중인데 아이가 손을 들어서 수정 테이프를 가져다주니 서술형 답안을 수정 테이프로 주욱 긋고 다시 작성하기 시작했다.

나는 그 모습을 보고 전체 학생들에게 이렇게 말했다.

"서술형 답안지는 수정 테이프를 사용하지 않고, 빨간색으로 두 줄 그은 후 다시 작성해도 됩니다."

잠시 후, 조금 전 그 아이가 다시 손을 들어 수정 테이프를 요청했다. 이번에도 서술형 답을 지우고 다시 작성하기를 반복했다. 종료 시각이 다가오면서 아이는 초긴장 상태에서 답안을 작성 중인데 자기 생각대로 답을 적지 못하니까 답답하기만 한 것 같았다. 그 뒤로도 시험 종료를 알리는 시각까지 아이는 계속 수정 테이프로 수정하고 고치기를 반복했다.

띵동띵동.

"시험이 종료됐어요. 모두 손을 무릎 위에 올려놓습니다."

아이는 안절부절못한 채 종료 30초 전까지 수정을 했고 표정이 완전히 울상이 되었다.

나는 답안 카드를 수거하면서 아이에게 말했다.

"괜찮아, 잘 나올 거야. 수고했다."

학생이라면 누구나 시험은 어렵고 스트레스 받는 일이다. 어떻게 하면 스트레스를 덜 받으면서 문제를 풀 수 있을까? 시험 결과에 너무 민감하게 반응하는 습관은 정서적으로 좋지 않다. 삶은 과정 자체가 스트레스라고 할 수 있다. 시험도 살아가는 과정 중 일부이다. 그런데 시험 결과만을 목표로 둔다면 삶이 무척이나 힘들어질 것이다.

중간고사 기말고사 시험 중에 유난히 화장실에 자주 가는 아이들이 있다. 한 시간에 두세 번도 가고, 매 시험 시간에 화장실을 다녀오겠다고 손을 드는 아이도 있다.

내가 부감독할 때 이야기다. 화장실 간다고 손을 들어서 아이를 데리고 화장실까지 인솔해서 안으로 들여보낸 뒤 밖에서 아이가 나오길 기다렸다. 시험 감독 규정상 화장실은 부감독이 인솔해서 다녀오게 되어 있었기 때문이다. 그런데 화장실에 들어간 아이가 10분이 지났는데도 나올 생각을 안 했다. 종료 시각이 다가오니, 아이보다 내가 더 긴장되고 초조했다. 도저히 참을 수 없어서 잠시 교실로 돌아가 아이가 문제를 모두 풀었는지 살폈다. 다행히 답안 카드에 표기는 되어 있었다. 하지만 시험 종료 시각은 다가오는데 아이가 나올 생각을 안 하니 손바닥에 땀이 나기 시작했다. '아이의 마음은 어떨까?' 하고 걱정하며 기다리는데 한참 후, 종료 5분을 남기고 아이가 화장실 밖으로 나왔다.

"괜찮니?"

이 한마디만 하고 아이를 교실로 들여보냈다. 다행인 것은 아이가 문제를 모두 풀고 화장실에 간 거다. 시험 감독을 하다 보면 예기치 못한 상황들이 발생하기도 하고, 아이들도 시험 스트레스로 두통이나 복통에 시달리기도 한다.

첫째 아이가 고등학교에 들어가고 처음으로 모의고사를 봤을 때 일이다. 아내와 나는 시험 잘 보라면서 아침에 진수성찬을 차려 줬다. 학교가 끝나고 집에 온 아이는 온종일 화장실 다니느라 시험을 제대로 보지 못했다며 속상해했다. 놀란 아내와 나는 인터넷 검색을 통해 시험 당일 아침에는 평소 먹는 음식을 먹어야 한다는 걸 알았다. 그 뒤로는 두 아이 시험 볼 때 평소 먹던 대로 식사를 준비했다.

성인이 되어서도 시험은 스트레스다. 시험을 끝까지 잘 마무리 하기 위해서는 최대한 시험 전날 편안한 마음으로 자고 시험 기간에는 위에 부담되지 않는 음식을 먹는 것이 좋다. 시험 전날이나 당일 아침에 평소 먹지 않는 특식을 먹기보다는 평소 자주 먹던 음식을 먹는 것이 안전하다. 긴장한 상태에서 평소와 다른 음식이 위에 들어가면 배앓이를 할 수 있고, 화장실을 들락거리는 상황이 발생하기 때문이다. 평소 습관대로 시험을 봐야 스트레스받는 일을 줄일 수 있다.

평생 공부도 해야 하고 시험도 봐야 하는 게 우리 삶이다. 우리의 삶 자체가 스트레스일 수도 있다. 그렇다면 스트레스를 슬기롭게 해소하는 방안을 각자가 생각해야 하지 않을까? 학습에 대한 불안감 넘어서기 첫 번째 방법은 시험에 대한 스트레스부터 줄이는 것이다.

시험 앞에서는 누구나 불안하다.
감정을 통제하는 자신만의 방법을 만들어라.

02 열심히 하는데 성적은 왜 그래?

질문1 내가 공부하는 이유를 적어 보아요.

질문2 **시험 결과에 대한 나의 민감도를 체크해 보아요.**

공부한 만큼 성적이 나오지 않는다.	□YES □NO
생각한 만큼 성적이 나오지 않는 이유를 알고 있다.	□YES □NO
공부 방법을 바꿀 마음이 있다.	□YES □NO
공부 방법을 정말 모르겠다.	□YES □NO
다음 시험에도 똑같은 결과가 나올 것이다	□YES □NO

질문3 **영상 또는 공부법 관련 책에서 공부 방법을 찾아 보고 나에게 적용 가능한 공부법 세 가지만 적어 보아요.**

인터넷 영상 또는 책 제목	적용 가능한 공부법

활동지 작성 후 나는?

* 공부하는 이유를 알았다.
* 시험 결과에 실망하기보다는 다음 시험을 준비할 수 있는 계기로 만들게 됐다.
* 자신에게 적용할 수 있는 공부 방법을 찾았다.

오전 수업이 끝나고 점심시간에 화장실을 다녀온 뒤 자리에 앉았다. 멍하니 앉아 있자니 어색해서 책과 노트를 펼쳤다. 눈은 책을 보고 있었지만, 머릿속으로는 딴생각을 하고 있었다. 그냥 남들에게 보여 주기 위해 공부하는 척했던 것이다. 그때 저 멀리 친구들과 놀고 있던 A가 다가왔다.

"야, 점심시간에는 쉬어. 넌 항상 앉아서 공부하는데 성적은 왜 그런 거니?"

A의 질문에 한마디도 하지 못했다. 그냥 웃어만 줬다. 속으로는 '나는 공부하는 것이 아니라, 하고 싶은 게 없어서 책이라도 펼쳐 놓는 거야.'라고 말하고 싶었다. A의 말이 맞았다. 쉬는 시간이나 점심시간에 항상 책상 위에 책을 펴 놓고 쳐다보았다. 친구들 눈에는 아마도 열심히 공부하는 것처럼 보였을 테다. 그런데 시험 결과는 그다지 탁월하지 않았으니 A도 궁금했을 것이다.

모르는 것이 있으면 주변 친구들이나 선생님에게 물어서라도 알고 넘어갔어야 하는데 나에게는 질문할 용기가 부족했다. 공부 방법도 스스로 찾아보려 하지 않았다. 말 그대로 아무 생각 없이 고등학교 3년을 보냈다.

고등학교 동창회에 가면 친구들이 항상 묻는다.

"네가 어떻게 교사가 됐니? 너무 조용히 학교생활을 해서 아무것도 못 할 줄 알았는데."

나는 존재감도 없고 자신감도 없이 학창 시절을 보냈다. 그런데 어떻게 교사가 됐냐고? 이 책을 읽는 여러분들도 궁금할 것이다.

자신감 없던 내가 세상 밖으로 나올 수 있었던 것은 부모님에게 물려받은 성실함과 선함, 긍정적인 마음가짐 덕분이다. 조용히 앉아서 공상 속에 살았지만, 가슴 깊은 곳에서는 뭔가를 이루고 싶다는 욕망이 자라고 있었다.

솔직히 말하면 '뭘 하면서 살아야 하지?'라는 생각은 하지 않았고, '이 시골을 언제 벗어나지. 빨리 벗어나고 싶다.'라는 생각만 끊임없이 했다. '시골을 벗어나서 뭘 해야 할까?'라는 고민을 항상 가슴속에 간직하고 살았다.

진로 수업을 하면서 공부 잘하는 아이들보다 항상 조용히 앉아서 자기 일에 집중하는 아이들에게 더 많이 정이 간다. 일찍 진로 교실에 들어와 수업 준비를 하는 아이, 친구들과 놀기보다는 혼자 외로이 앉아 있는 아이들에게 일부러 말도 걸고 활동지 하는 것을 살펴보며 알려 주기도 한다. 쉬는 시간 복도를 지나다 보면 쉬는 시간인데도 책을 펴 놓고 열심히 쳐다보는 아이들이 눈에 띈다. 이 아이들 성적을 보면 대부분 그다지 우수하지 않다. 친구들과 어울려 노는 걸 좋아하지 않아서 멍하니 천장만 바라보거나, 그냥 머릿속으로는 딴생각하면서 책상 위에 책만 펼쳐 놓았기 때문이다.

시험 일주일 전에는 진로 수업 대신 시험공부를 하도록 시간을 준다. 교실을 돌면서 아이에게 용기를 주기 위해 '열심히 하는구나.'라고 말하면 주변에 앉아 있던 아이 중 하나가 한마디를 한다.

"열심히는 하는데 성적은 안 나와요."

요즘도 나와 똑같은 일을 겪는 아이가 있다. 그러면 나는 "지금 성적은 안 나와도 몇 년 후에는 분명히 성과가 있을 거야. 꾸준히 열심히 해라." 하며 덧붙여 설명한다.

지금 친구들과 놀고 싶은데 몸이 마음대로 움직여 주지 않고 뭘 해야 할지 고민인 아이들에게 하고 싶은 말이 있다.

"얘들아, 너의 내면을 깊이 들여다봐. 인생은 스스로 개척해 나가는 것이란다. 할 수 있다는 용기와 꾸준한 노력만 있다면 너의 강점을 찾을 수 있어."

이 아이들은 이미 자신의 강점을 찾아서 준비하고 있는지도 모른다. 장래 희망 또는 하고 싶은 것이 무엇인지 활동지를 살펴보면, 활달하고 적극적이며 외향적인 아이들은 뭘 해야 할지 고민인 반면에, 항상 조용히 앉아서 자기 일을 하는 내성적인 성향의 아이들은 하고 싶은 것을 또박또박 적어 놓은 것을 볼 수 있다. 학창 시절에 존재감 없던 친구가 20년 후 상상을 초월하는 성과를 내고 성공한 사례들을 주변에서 많이 본다. 꾸준히 성실하게 공부하면서 내면이 성장한 덕분일 것이다. 오래전 내가 그랬듯이 이 아이들도 삶의 길을 스스로 개척해 가고 있다.

나에게 충격적인 질문을 했던 A가 갑자기 보고 싶다.

"A야, 나 교사가 된 거 알고 있지. 그때 내 생각을 깨뜨리는 질문을 해 줘서 고마워!"

이 세상은 항상 뭔가 하려고 도전하는 사람들에 의해 발전하고 있다. 바로 쉬는 시간, 점심시간에 책을 펼치고 머릿속으로는 미래를 상상하는 아이들이다. 학습에 대한 불안 넘어서기 두 번째 방법은 시험 성적이나 등수에 너무 연연하지 않는 것이다. 진정 행복은 성적순이 아니다.

시험 성적이나 등수보다는
어떤 태도로 어떻게 살아갈 것인지가 더욱 중요하다.

03 시험 결과를 대하는 올바른 자세

질문1 상급 학교에 진학하기 위해 내 성적은 적정한지 체크해 보아요.

적정하다.	적정하지 않다.

질문2 상급 학교에 진학하기 위해 부족한 과목은 무엇인지 적어 보아요.

과목명	부족한 부분
(예) 영어	(예) 단어 암기하기 힘들다 보니 문장을 이해하지 못한다.

질문3 **나만의 과목별 학습 방법을 적어 보아요.**

과목명	나만의 학습 방법
(예) 영어	(예) 반복적으로 단어를 외우고 암기력을 기르기 위해 매일 30분씩 명상과 독서를 한다.

활동지 작성 후 나는?

＊시험 결과보다는 부족한 과목이 뭔지 파악할 수 있는 계기가 됐다.

＊내가 원하는 상급 학교로 진학하기 위해 좀 더 공부해야 할 과목을 파악했다.

＊과목별 학습 방법을 알았다.

중고등학생 시절 나는 시험을 보고 나면 무척이나 위축되었다. 친구들은 시험지를 들고 몇 개 맞았는지 묻고 다시 풀어 보는데, 나는 시험지를 두 번 다시 보고 싶지 않았다. 틀린 답이 많을까 봐 불안하고 친구들에게 알려질까 봐 두려웠기 때문이다. 그런데 시험이 모두 끝나고 나면 정답도 맞혀 보고 왜 틀렸는지 생각해 봐야 한다. 그래야 다음 시험에서 실수를 줄일 수 있다. 오답 노트를 작성해야 한다는 걸 나도 알았지만 현실적으로 틀린 것이 두려워서 정답을 맞혀 보는 것을 포기했다.

시험 시작 전까지는 긴장한다 해도, 끝나고 나면 더는 그 시험에 신경 쓰지 않아야 한다. 이미 지나간 일에 연연하지 않는 것이 삶의 방향이다. 이런 태도가 장점이 될 수도 있다. 시험 끝나면 다음 시간을 준비해야 하는데 정답 맞히느라 짧은 시간을 허비하는 경우가 많다. 예를 들어 3교시 동안 시험을 보는데, 학생들 대부분은 1, 2교시 끝나고 3교시 시험 준비를 하기보다 이미 치른 시험지를 들고 친구들끼리 맞춰 보기 바쁘다. 시험 중에 “시험 종료 후 화장실 다녀와서 다음 시간 시험을 준비해."라고 말해도 자신이 얼마만큼 맞혔는지 궁금해서 그리 행동하는 것 같다. 시험 일정이 끝날 때까지는 시험지를 오래도록 붙잡고 있을 필요가 없다. 사람마다 다를 테지만, 이미 끝난 시험인데 아쉬워해 봤자 마음만 아프고 쓰릴 뿐이기 때문이다. 시험이 끝나고 나면 결과도 겸허히 수용할 줄 알아야 한다.

중학교 올라와서 처음 시험을 본 아이들에게 시험 어떻게 봤냐고 물어보니 대답이 아주 신선했다. 한 아이는 "저 놀랐어요. 이렇게 잘 볼 줄 몰랐거든요. 중간 이상은 했더라고요."라며 정말 기뻐했다. 첫 시험에 자신이 생각한 것보다 결과가 잘 나오니까 기분 좋고 만족감도 높았던 것이다. 여러분도 시험 결과에 너무 마음 아파하지 않았으면 좋겠다. 시험은 시험일 뿐이다. "시험 성적은 행복 순이 아니다."라는 말을 한번쯤 들어 봤을 것이다.

살다 보니 이 말의 의미를 알 것 같다. 공부 잘하고 명문 대학교를 졸업한다 해도 특별히 잘 산다는 보장이 없는 것이 세상일이다. 삶이 비슷하던가 약간의 차이가 있을 뿐이다. 시험이 인생의 전부는 아니다. 그냥 살아가면서 나를 점검하는 정도로 생각하면 마음 편하다. 하지만 이것만은 기억해야 한다. 지금 배우고 시험 보는 것들이 우리 삶에 엄청난 영향을 미친다. 포기하라는 것이 아니라 최선을 다하되 결과는 순순히 받아들이는 대인배가 되라는 의미다.

40년 전 많은 학교가 시험이 끝나면 전교 1등부터 50등까지 이름과 등수를 적어서 게시판에 붙이곤 했다. 지금으로서는 상상할 수 없는 일이다. 학년 전체 인원이 250명 정도 됐는데 50등 안에 들지 못한 아이들의 심정은 어떠했을까? 게시판에 이름을 올리는 친구들은 선택받은 사람이라는 생각을 했을 것이다. 성적을 공개하는 게시물을 보면서 좌절한 친구들도 있었을 테고 속상해서 우는 친구들도 있었을 테다. 여러분이라면 이런 상황에서 어떤 태도를 취할 것인가? 나는 게시판에 공개된 시험 결과를 쳐다보면서 덤덤했고 그다지 신경 쓰지 않으며 학창 시절을 보냈다. '뭐 저 안에 들어가는 것이 중요한가.'라는 생각을 한 것이다.

시험 결과에 따른 등수는 살아가는 데 아무 의미도 없고 별로 도움도 되지 않는다. 학창 시절에 성적은 상급 학교에 진학할 때는 중요하기도 하다. 그러나 성적 때문에 너무 신경 써서 머리 아파하지는 말아야 한다.

그렇다고 시험 결과를 아예 잊어버리라는 의미는 아니다. 오답 노트를 작성하는 습관을 갖고 나의 발전을 위해 학습에 집중해야 한다. 다만 시험 성적 때문에, 등수 때문에 공부해서는 안 된다는 의미다. 성적은 성적일 뿐이다. 틀린 문제를 정리하면서 분석할 줄 아는 공부를 해야 한다. 한 문제 맞고 틀린 것에 일희일비할 필요는 없다. 틀린 문제, 특히 자주 틀리는 문제는 반드시 해결하고 넘어가야 한다. 그래야만 시험을 통해 한 단계 성장할 수 있다.

성적은 내가 진로를 설계하고 목표를 이뤄 가는 과정일 뿐이다. 최종 목표가 성적이 되어서는 안 된다. 우리는 중고등학생 때뿐만 아니라, 평생 즐거운 삶을 살기 위해 배우는 것이다. 학습에 대한 불안감 넘어서기 세 번째는 시험 결과 때문에 너무 스트레스받지 말고 실패 원인을 파악해서 다음 시험에 능동적으로 대처해 나가는 것과 스스로 학습 계획을 세워 실천하면서 배움의 즐거움을 느끼는 것이다.

자신만의 계획을 실천하는 학습 활동에서
배움의 즐거움을 찾아보자.

04 정신에도 '힘'이 있다

질문1 **평소 체력을 기르기 위해 하고 있는 것을 적어 보아요.**

(예) 일주일에 3회 수영을 배우고 있다.

질문2 **공부 외에 하고 싶은 것을 적어 보아요.**

(예) 악기를 한 가지 정도 배우고 싶다.

질문3 **배운 것을 기억하기 위한 나만의 방법을 적어 보아요.**

(예) 연습장에 글로 쓰면서 외운다.

활동지 작성 후 나는?

*성적 향상을 위해서는 정신력과 육체적인 건강이 우선임을 알았다.

*일과 중에 나만의 취미 활동으로 공부 체력을 기를 수 있다.

*정신력을 높이는 나만의 비법을 알고 있다.

여럿이 모여서 시험공부를 했는데 결과는 서로 다르게 나온다. 왜 같이 했는데 성적은 각기 다를까? 그 이유는 정신력과 체력에 있다고 볼 수 있다. 공부를 잘하려면 체력이 기본이 돼야 하고 깊이 몰입할 수 있는 집중력이 좋아야 한다. 똑같은 시간과 노력을 들였는데도 결과가 다르게 나타난 것은 정신력과 체력의 차이 때문이다. 청소년기에 잘 먹고 운동도 많이 해야 하는 이유가 젊었을 때 체력을 키워야 하기 때문이다. 체력이 약하면 정신력도 약해지면서 무엇에든 의욕을 잃게 된다. 체력을 키우려면 매일 꾸준히 운동해야 하고, 정신력을 키우려면 뇌의 구조부터 알아야 한다.

우리 뇌는 좌뇌와 우뇌로 나누어진다. 좌뇌는 주로 언어와 문자, 숫자 등 텍스트 정보를 담당하고, 우뇌는 그림과 음향, 영상 등 이미지 정보를 담당한다. 우리가 공부할 때는 주로 좌뇌를 사용한다. 좌뇌를 사용하더라도 좀 더 효과적으로 사용해야 하고, 가능하면 우뇌를 적극적으로 사용해야 학습 효율을 높일 수 있다.

요즘 뇌의 특성을 이해하고 뇌과학의 원리를 바탕으로 기억하는 비결이 발표되고 있다. 이 비결들을 기준으로 암기력을 향상하는 방법을 살펴보자.

첫째, 잘 기억하려면 반복 학습을 해라.

한 번 보고 잘 기억하는 사람은 없다. 학교나 학원에서 배운 내용을 잠들기 전 반드시 1회 복습한다. 매주 주말에는 일주일 동안 배운 내용을 2회 복습한다. 매월 말일에는 한 달간 배운 공부를 3회째 복습한다. 시험 보기 한 달 전 4회째 복습한다. 꾸준하게 복습을 반복해 한 번 배운 내용을 오래도록 장기 기억 장치에 저장한다.

둘째, 오감을 활용해서 배워라.

오감 중에 시각, 청각, 촉각을 활용하는 것이다. 눈으로 읽고 소리 내어 읽으며 내 목소리를 듣고 손으로 적으면 더 오래도록 기억된다. 읽고, 쓰고, 생각하는 습관을 갖도록 훈련해야 한다.

셋째, 메모를 생활화하라.

수업 시간에 선생님이 하는 말씀, 공부하면서 중요한 것들을 수시로 메모하고 정리한다. 메모하며 반복적으로 공부한다. 인간의 뇌는 한 번 보고 들은 것은 금방 잊어버린다. 잊지 않기 위해서는 생각이 사라지기 전에 메모해 둬야 한다.

넷째, 이해하면서 공부하라.

공부하다 보면 원리를 이해하면 쉽게 기억되지만 무슨 말인지 모르는 내용은 암기하기가 힘들다. 기본부터 다지며 공부해라.

다섯째, 매일 30분 독서하고 필사하라.

암기력을 향상하는 가장 좋은 방법은 1년 이상 매일 30분 넘게 꾸준히 책을 읽고 필사하는 것이다. 공부는 하는데 자꾸 잡생각이 들고 성적이 제대로 나오지 않는다면, 하루 30분 정도 시간을 할애해서 책을 1년 이상 읽고 필사에 도전해 보자. 반드시 독서의 힘을 느끼게 될 것이다. 암기력을 향상하는 데 독서만 한 것도 없다.

여섯째, 스토리를 만들면서 공부하라.

그냥 외우는 것보다 스토리를 만들어서 연결해 외우면 재미있고 머릿속에 오래도록 남는다. 재미있는 이야기는 한 번 들어도 기억에 오래 남는 것과 같은 원리다

엄청난 시간을 투자했지만 결과가 신통치 않아서 고민인 사람들이 너무 많다. 자신의 암기력을 탓하기 전에 약한 암기력을 향상하기 위해 어떤 노력을 할지 우선 점검해야 한다.

자녀가 공부는 열심히 하는데 성적이 오르락내리락 롤러코스터 타는 것 같다면, 암기에 어려움이 있는지 살펴봐야 한다. 암기하는 것도 습관인 것 같다.

노력하는 만큼 성과를 내고 싶다면 자신의 뇌 구조를 잘 활용하고 건강한 몸을 만드는 데 꾸준히 투자해야 한다.

성실성, 책임감, 실행력이 공부를 잘하게 만든다. 모르면 물어서라도 알아보면서 스스로 깨우쳐야 한다. 공부는 남이 대신해 줄 수 있는 게 아니다. 결국에는 온전히 스스로 해내야 한다. 공부하는 이유를 찾아보면서 공부에 집중할 힘을 얻어라.

건강한 육체에 건강한 정신이 깃든다.
공부도 건강한 체력을 기반으로 한다.

7장 진로와 자존감의 관계

"진로란 무엇인가?"

매년 3월 첫 수업 시간에 학생들에게 질문한다. 진로란 좁은 의미로 말하면 일이나 직업과 관련된 인생의 길을 뜻하지만, 넓은 의미로 말하면 사람의 일생을 통해 이루어지는 모든 활동과 나아갈 길을 뜻한다. 사람은 태어나서 공부를 하고 진학을 하고 직업을 가지며 가정을 이루어 살아간다. 삶의 모든 과정이 진로라고 책에 쓰여 있다.

모든 인간은 순백색의 백지상태로 태어난다. 그리고 환경의 영향이나 학습 등을 통해서 스스로 삶을 그려 간다. 똑같은 조건으로 태어나지만 어떤 그림으로 도화지를 채우느냐에 따라 사람의 인생은 각자 다른 방향으로 나아간다. 순백색의 백지 위에 삶의 모습을 채워 나가는 것이 진로다. 여러분은 흰 도화지에 어떤 그림을 그리고 싶은지 생각해 보자.

2011년부터 진로 교육이 중고등학교에서 시작됐다. 그리고 얼마 후 한국직업능력개발원에서 중학생 1만여 명을 대상으로 조사한 결과가 있다. 그런데 진로 수업에 적극적으로 참여한 학생이 그렇지 않은 학생보다 학습 동기가 높게 나타났다. 특히 타율적 동기보다는 자율적 동기로 진로 수업에 적극적으로 참여한 학생의 학습 동기가 높았다.

목표와 꿈이 있는 학생들이 학습 활동에 적극적으로 참여하고 성적도 향상된다. 꿈이 없어도 꿈을 찾기 위한 학습을 해야 한다. 꿈이 없음을 방치하지 말아야 한다. 미래의 내 직업, 내 꿈을 이루기 위해 지금부터 꾸준히 노력해야 한다.

학교뿐 아니라 가정과 사회에서도 다양한 체험을 하며 끊임없이 세상을 배워 가야 한다. 진로 목표에 따라 고등학교를 선택하고 대학교를 선택하며 취업을 선택하기도 한다. 삶 속에서 장기, 단기 계획을 세워서 각 시기에 맞는 학습 활동을 해야 한다. 세상에 쉬운 일은 하나도 없다. 하지만 안 되는 일도 없다. 공부는 시기를 놓치면 따라가기 힘들다. 내 꿈을 이루기 위한 공부를 하라. 공부하는 이유는 좀 더 행복한 삶, 하고 싶은 것을 하며 사는 삶을 살기 위해서다. 삶의 기회가 두세 번 주어진다면 다음 생애에 공부해도 되겠지만, 인간의 삶은 단 한 번뿐이다. 한 번뿐인 삶을 어떻게 살 것인지 생각해 보자. 그러면 공부할 마음이 생길 것이다.

꿈을 이루는 데에는 공부뿐 아니라 자존감도 필요하다. 할 수 있다는 자신감과 긍정적인 생각이 상상하는 것을 현실로 만들어 준다. 고등학교 또는 대학교 진학이 꿈이 되어서는 안 된다. 자신의 눈으로 좀 더 먼 미래를 예측하고 진로 목표를 찾으려는 노력이 필요하다. 부모님을 비롯한 친구들이나 학교 선생님들 이야기에 귀를 기울이는 것도 중요하다. 하지만 더 중요한 것은 자신만의 진로를 설계하는 내면의 힘을 기르는 것이다. 내비게이션이 알려 주는 대로 가기보다는 스스로 찾으면서 부딪히며 살아가려는 태도가 절실히 필요하다. 인공 지능 등 미래 기술이 발달하면 모든 사람에게 똑같은 길을 알려 주는 내비게이션은 필요 없어질 것이다. 결국 중요한 것은 자신의 방향과 생각대로 나아가는 것이다.

내 꿈은 뭐지?
내 꿈은 정말 의사일까? 아니면 교사일까?
의사의 꿈을 이룬 후에 나는 무엇을 하고 있을까?
직업이 내가 갖고 싶은 꿈이 맞을까?

누구에게나 꿈은 현재 진행형이다. 청소년들뿐 아니라 성인들에게도 꿈이 있다. 이런 질문들을 항상 꼬리에 꼬리를 물고 생각해 봐야 한다. 단순하게 의사라는 직업, 교사라는 직업을 갖는 것이 삶의 목적일까? 직업을 통해서 얻고자 하는 것은 무엇인가? 이런 질문들이 삶을 재설계하며 그 설계대로 살아가게 한다.

꿈을 이루는 데 있어 계획을 세우는 것도 무척 중요하지만, 그 계획들을 하나씩 실천해 나가는 습관이 더 중요하다. 실행력을 키우는 긍정적인 습관부터 갖도록 노력하자.

01 꿈을 꾸는 너에게

질문1 나의 꿈을 정리해 보아요.

	나의 꿈은?
초등학교	
중학교 1학년	
중학교 3학년	
꿈이 바뀐 이유는?	

질문2 인생이라는 배가 항구에서 출발하려고 합니다. 그 배에 무엇을 실어야 할지 적어 보아요.

질문3 **10대 청소년기에 내 삶의 목표를 위해 해야 할 일을 다섯 가지 적어 보아요.**

	해야 할 일	이유는?
1	(예) 청소년 추천 도서를 읽는다.	(예) 책 속에서 롤 모델을 찾을 수 있다.
2		
3		
4		
5		

활동지 작성 후 나는?

* 지금까지 나의 꿈을 정리하고 설명할 수 있다.
* 꿈을 구체화하는 과정에서 필요한 것이 무엇인지 파악할 수 있다.
* 진로 목표와 삶의 방향성을 구체적으로 파악할 수 있다.

2016년 진로 작가가 되기로 마음먹은 뒤 지금까지 8권의 책을 출간했고 전국으로 진로 특강 강연을 다니고 있다. 작가의 꿈을 실현하는 과정에서 내 자존감도 함께 성장했다. 꿈이 생기면서 자존감도 높아진 것이다.

10년간 진로진학 상담교사로서 진로 수업과 상담을 하면서 알게 된 사실이 있다. 자아 존중감이 높은 학생일수록 흥미와 적성에 맞는 직업을 선택하고 준비하는 데 필요한 능력, 태도 등의 이해도가 높았다.

진로 수업 시간에 꿈 포스터 그리기를 한다. 한 번은 M이 그림으로 자신의 미래를 잘 표현하길래 그림 실력이 뛰어나다고 칭찬했다. 그런데 M은 자신의 그림 실력이 엉망이라고 생각한다고 말하는 게 아닌가. 아이는 마음속으로 그림 실력이 형편없다고 이미 결정해 둔 상태였다.

한 번은 학생들이 직업전문학교에서 필통 만들기 직업 체험을 했다. 그때 S가 선생님 지시대로 잘 따라 하고 잘하지 못하는 친구에게 친절히 알려 주면서 체험하는 것이 보였다. 선생님은 S에게 보조 역할을 맡기며 칭찬해 줬다. 체험을 마치고 학교로 돌아오는 길에 S의 행동과 손재주를 칭찬했다. 그런데 S의 대답이 의외였다. "오늘 한 활동에 별로 관심 없어요. 뭘 좋아하고 잘하는지 모르겠어요. 그냥 선생님 말씀대로 따라 하고 만드는 걸 어려워 하는 친구를 도와준 것뿐이에요."라며 진로 목표와는 거리가 멀다고 말했다.

M과 S 같은 학생들은 일단 자존감부터 높여야 한다. 다른 친구들보다 월등히 잘하는데 정작 본인은 그다지 잘하는 것도 아니고 재능도 없다고 표현한다.

흥미도 찾고 자존감을 높이려면 자신이 잘하는 것을 어떻게 극대화하고 진로 목표로 연결할지 고민해야 한다. 뭔가 하고 싶은 것이 있고 꿈을 꾼다면 되든 안 되든 실행해 보자. 그 일을 진행하든 안 하든 고민하기는 마찬가지다. 그렇다면 일단 해 보고 나서 후회하는 편이 낫다.

꿈을 이루어 가는 과정은 선장이 배를 운항하는 것과 같다. 선장이 할 일은 배가 항구를 출발해 목적지까지 안전하게 도착하게 만드는 것이다. 목표가 명확해야 가고자 하는 목적지에 도달할 수 있다.

꿈도 마찬가지다. 꿈을 향해 가는 배의 선장 역할을 제대로 하지 않으면 아무도 목적지에 도달할 수 없다. 자신의 성향을 이해하고 목적을 이루기 위해 준비해야 할 역량이 무엇인지도 파악해야 한다. 꿈을 꾸고 꿈을 이루려면 청소년기에 준비할 것이 무엇인지 알기 위해 노력해야 한다.

한 학생이 중학교 1학년 때만 해도 자존감이 높았는데 3학년 되면서 갑자기 낮아졌다. 왜 그런가 싶어 상담해 봤더니 갑자기 꿈이 사라졌다는 것이다. 어떻게 해야 할지 고민하다가 자신이 아무것도 할 수 없다는 사실을 발견했단다. 꿈은 사라지고 다시 생기기를 반복한다. 꿈을 꾸고 목표를 세우기 위해서는 멀리 내다보는 눈을 가져야 한다. 꿈이 갑자기 사라진 이유도 명확하게 확인해 봐야 한다. 그래야 다음 꿈을 만들어 갈 수 있기 때문이다.

10대 청소년들은 세상을 향해 이제 한 발 내디뎠을 뿐이다. 가야 할 길이 멀다는 의미다. 꿈이 바뀔 수도 있고 많아질 수도 있다. 조금씩 배움을 통해 성장하면서 꿈을 만들면 된다. 백 세 시대에 하나의 직업만을 생각하는 꿈을 꾼다면 그 꿈이 사라지는 날, 하고 싶은 것이 없는 자신에게 실망하게 된다. 꿈은 하나만 갖는 것이 아니다. 하고 싶은 것이 모두 꿈이 될 수 있다. 틈틈이 버킷리스트를 적으면서 꿈을 설계하고 구체화해야 한다.

커다란 배의 선장이 되어서 항구를 떠나 목적지까지 어떻게 운항할지 계획을 세워 보자. 계획이 반드시 완벽할 필요는 없다. 삶의 계획은 언제든 수정할 수 있기 때문이다. 수정을 거듭하면서 꿈꾸었던 자신만의 세상을 만들려고 노력할 때 자존감이 향상되고 도전하는 힘이 생긴다.

선장이 해야 할 일과 선원이 해야 할 일은 엄연히 다르다. 만약 선장이 선원이 하는 갑판 청소나 요리 등에 집중하고 배가 어디로 가는지 파악하지 못한다면, 이 배는 난파되기 쉽다. 선장은 배가 항로를 바르게 가도록 레이더도 파악하고, 바닷속에 암초가 없는지도 살펴야 한다. 배가 목적지로 잘 향하고 있는지 항상 살펴야 하는 것이다.

주어진 대로 사는 것이 아니라 내 삶을 스스로 개척해 나가려는 목표 의식을 가지고 내 배의 선장으로서 역할을 충실히 수행해야 한다. 목표가 명확할 때 자존감이 향상되면서 하고자 하는 의욕이 생긴다.

진로 목표가 명확할 때
자존감을 높이고자 하는 의욕도 생긴다.

02 실패를 두려워하지 않는 너에게

질문1 누군가에게 부탁했을 때 거절당하면 어떻게 행동하는지 적어 보아요.

질문2 일상생활 속에서 무기력증에 빠진 경험을 적어 보아요.

질문3 무기력증에 빠졌을 때 용기를 가지고 도전해 본 경험을 적어 보아요.

질문4 10대는 10대답게 살아가야 해요. 그럼 10대 때 도전해 볼 만한 것은 무엇인지 적어 보아요.

활동지 작성 후 나는?

* 실패해도 곧바로 극복하는 방법을 알았다.
* 무기력증에서 벗어나기 위한 나만의 비결을 말할 수 있다.
* 10대 때 도전할 수 있는 것들에 대해 생각해 보는 계기가 됐다.

자존감이 높은 사람은 실패를 두려워하지 않는다. 켄터키프라이드치킨(KFC)을 세운 전설적인 인물인 커넬 샌더스는, 1009번의 거절을 당한 후에야 마침내 그의 꿈을 믿어 주는 사람을 발견해 오늘날 전 세계에 수천 개의 지점을 거느린 프랜차이즈 기업을 일구었다. 70세가 가까운 나이에 말이다. 커넬 샌더스는 나이나 수천 번에 걸친 실패를 이유로 포기하지 않았다.

회복 탄력성은 자신에게 닥치는 온갖 역경과 어려움을 오히려 도약의 발판으로 삼아 실패에 대한 두려움을 모두 떨쳐낸 상태를 의미한다. 커넬 샌더스는 회복 탄력성이 강한 사람이었다. 실패에 좌절하지 않고 끊임없이 자신을 믿어주는 사람을 찾아다니면서 켄터키프라이드치킨(KFC)을 세우는 계기로 삼았다.

실패를 두려워하는 사람은 일상생활 속에서 화를 많이 낸다. 즉 분노 조절이 잘 안 되어 커다란 사고로 이어지기도 한다. 화를 내고 분노를 표출하는 이유는 자격지심 탓일 수도 있고 자신의 약함을 드러내고 싶지 않아서 일부러

화를 내는 것일 수도 있다. 뉴스 사건 기사에 순간 화를 참지 못해서 감옥으로 들어간 사람들 이야기가 많이 나온다. 앞차가 빨리 가지 않는다고 옆 차선으로 이동하면서 갖은 욕설을 퍼붓고 앞질러서 위협하는 것이나, 위층에서 시끄럽게 한다고 쫓아 올라가서 살인을 저지르는 것들이 순간의 화를 참지 못해서 벌어지는 사건들이다.

화를 내고 분노를 표출하는 것은 자신이 강함을 보여 주기 위해서일 테지만, 스스로 나약함을 나타내는 것이기도 하다. 분노와 짜증은 실패를 극복하는 데 가장 큰 장애물이라고 할 수 있다. 화내는 사람은 스스로 좌절감과 무기력함을 보여 주는 것이다. 분노하고 화를 낸다고 해서 눈앞에 닥친 일들이 순조롭게 해결되지는 않는다. 이와 반대로 자존감이 높은 사람은 화를 내지 않는다. 항상 자신의 역할을 명확히 알고 움직인다. 그렇다면 실패에 대한 두려움을 이겨내고 실행력을 높이려면 어떻게 해야 할까?

첫째, 성공한 사람들의 실패 사례를 살펴본다. 책을 읽거나 유튜브에서 동기부여되는 영상 콘텐츠를 찾아 시청한다. 성공한 사람들이 위기와 두려움을 극복하는 과정을 보며 실패에 대한 두려움에서 벗어날 수 있다.

둘째, 실행력을 높여야 한다. 내가 8권의 책을 출간할 수 있었던 힘은 실행력에 있었다. 주변에서 조언했을 때 귀를 막고 움직이지 않았다면 삶은 다른 방향으로 갔을 것이고 8권의 책도 출간하지 못했을 것이다.

셋째, 세상을 긍정적으로 바라본다. 실패해도 솟아날 구멍이 있다는 긍정적인 마음가짐을 가져야 한다. 자신에게 도움이 되고 효과적인 것만 생각하고 실천하는 긍정적인 태도로 세상을 바라봐야 한다.

진로 수업을 하면서 가장 아쉬운 순간은, 귀를 막고 전혀 움직이지 않으려는 학생들을 볼 때다. 뭔가 하고 싶은 것이 없어도 도전하고 실행해 봐야 자신의 능력을 탐색할 수 있는데 무기력증에 빠져서 전혀 움직일 생각을 하지 않는다. "이거 해 볼래?" 하고 말해도 싫다고 고개만 저을 뿐이다.

도전하지 않으면 아무것도 얻을 수 없다. 성공한 사람들은 대부분 실패를 굳건하게 이겨 내고 꾸준하게 도전해서 성과를 만들었다. 새로운 도전이 무섭다면 매일매일 할 수 있다는 마음가짐으로 학교 동아리 활동에 적극적으로 참여하고, 수업 시간에 집중해서 듣고, 책을 꾸준하게 읽고, 성장 관련 동기 부여 영상을 보는 등 자신의 상황에 적용해 보길 추천한다. 이런 노력 끝에 실패를 성공적인 삶으로 연결하는 효과가 나타난다.

만약 중학교 생활이 무기력한 것 같다면 주어진 일에 성실하게 계획을 세워서 하나하나 실천하는 습관을 만들어 보자. 무기력에 길들면 실패에 익숙해지고 수렁에서 벗어나기 힘들다. 실패를 극복해 내는 용기와 도전이 필요하다. 무기력에서 벗어나기 위해서는 해야 할 것들을 많이 만들어야 한다. 항상 역동적인 모습을 갖추는 것이 좋다. 오늘 하루 작은 용기가 정서적인 안정을 주고,

하고 싶은 것이 생기는 결과를 만들어 낸다.

10대에는 뭐든지 도전할 수 있으며, 실패해도 괜찮다. 삶을 순탄하게 살아가는 사람은 없다. 보기에는 아무것도 하지 않는 것처럼 보여도 평소 자신에게 주어진 일을 충실하게 실행하면서 역량을 키우며 성장하는 중이다. 실패를 두려워하지 말자.

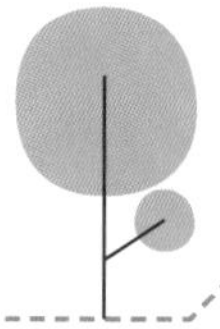

무기력도 습관이다. 무기력에서 벗어나려는 용기가 필요하다.
용기의 힘을 키워라.

03 공부하는 힘을 얻은 너에게

질문1 자신이 생각하는 성공이란 어떤 의미인지 적어 보아요.

(예) 나는 교사가 꿈이다. 교사의 꿈을 이루고 학생들을 잘 가르쳐서 사회의 인재로 키우는 것이 성공이다.

질문2 성공에 필요한 공부나 활동은 어떤 것들이 있을까 적어 보아요.

(예) 교대에 입학하기 위해서 고등학생 때 성적 관리와 자기 주도 학습 습관을 지녀야겠다.

질문3 **공부와 내 꿈을 연결하는 데 걸림돌이 되는 것은 무엇인지 적어 보아요.**

(예) 대학교 진학할 때 수능 성적이 잘 나와야 하는데 영어가 부족해서 마음에 걸린다.

질문4 **장래 꿈과 관련된 직업 정보 및 학교 정보를 어디서 찾을지 적어 보아요.**

(예) 커리어넷에서 찾아봐야지.

활동지 작성 후 나는?

* 성공한 사람들이 성공한 원인을 알았다.
* 살아가는 데 필요한 공부란 어떤 것이 있는지 알았다.
* 내 꿈을 이루기 위한 공부 전략과 극복해야 할 것들을 파악할 수 있다.

성공이란 무엇일까? 성공에 이르는 가장 빠른 길은 뭘까?

매 순간 배움 활동을 이어 가야 한다. 그런데 제대로 공부하지 않으면서 성공하길 바라며 하늘만 쳐다보는 사람이 많다. 자신이 어떤 사람이 될지는 누가 알려 주는 것이 아니라 순전히 스스로 찾아야 한다. 공부하는 이유를 알고 공부와 성공이 연결되어 있다는 사실을 정확히 알면, 한순간도 허투루 보내지 않을 것이다. 공부에 성공하지 못하는 이유는 무엇일까.

첫째, 학교급별 상황에 맞는 공부 방법에 적응하지 못하기 때문이다. 중학교 때 상위권인데 고등학교에 진학해 하위권으로 떨어지는 경우가 종종 있다. 성적 하락의 원인이 공부를 안 했기 때문일 수도 있지만, 고등학교에 맞는 공부 방법을 잘 알지 못하기 때문일 수 있다.

둘째, 공부의 필요성, 공부의 목적이 없는 경우다. 공부의 필요성을 느끼려면 공부를 왜 해야 하는지부터 고민해야 한다. 공부 못 하겠다고 말하는 학생들 대부분은 공부를 왜 해야 하는지 알지 못하기 때문이다.

셋째, 공부하는 만큼 성적이 오르지 않는데 공부 방법을 바꾸려 하지 않는 경우다. 정말로 열심히 하는데 성적이 오르지 않는다면 자신의 공부 방법을 살펴봐야 한다. 여러 공신의 책이나 영상 콘텐츠를 보면서 자신에 맞는 공부 방법을 찾아야 한다.

공부했는데 성적이 오르지 않는 이유는 위에서 제시한 것 외에도 많다. 각자 이유가 있을 것이다. 이유를 알았으면 해결 방안도 마련해야 한다. 해결하려는 노력이 없다면 공부로 성공하기는 힘들다고 볼 수 있다.

학창 시절 공부를 잘해도 성공할 수 있고, 공부를 못해도 성공할 수 있다. 오십 중반이 되면, 중고등학교 시절에는 성적이 바닥을 치던 친구가 어른이 되어서는 떵떵거리며 사는 모습을 종종 보게 된다. 공부가 인생의 전부는 아니기 때문이다. 그러나 인생을 살아가는 데 공부는 꼭 필요하다. 공부는 학생들만 하는 것이 아니다. 꾸준하게 성공하려면 평생 배우는 자세로 살아야 한다. 평생 학습을 하도록 계획을 세우자. 공부는 성공하는 길에 꼭 필요한 도구다.

모든 학생이 우수한 성적을 받을 수는 없을까? 학부모들이나 학생들이 모두 바라는 희망 사항이다. 초등학생 때 공부하는 습관으로 중학생 때도 공부하면 생각한 만큼 성적이 나오지 않을 수 있다. 중학교 2학년 첫 중간고사를 치르고 나면 아이들 대부분은 자신의 성적에 허망함을 느낀다. "초등학교 때는 만점을 쉽게 받았는데 중학교 첫 시험을 이렇게 망치다니."라고 생각하면서 좌절하기도 한다. 이 좌절감을 극복하면서 자신만의 공부법을 찾아가는 학생은 고등학교에 진학해서도 꾸준하게 성적이 향상되지만, 좌절감을 극복하지 못한 학생은 성적이 나락으로 떨어지기 쉽다.

무엇이 문제일까? 중학교, 고등학교에 진학하면 학년이 올라갈수록 깊이 있는 공부를 해야 한다. 초등학생 때는 시험 일주일 전부터 준비해도 아무 문제 없었을지 모르지만, 중학교 시험은 다르다. 과목별 선생님도 다르고, 평가 방법도 다르므로 이 변화에 빠르게 적응하는 것이 가장 중요하다.

공부를 방해하는 요인들을 살펴보고 하나씩 제거해 나가야 한다. 중학생 때까지 공부와는 담을 쌓았던 학생이 고등학교 진학해서 도서관에서 공부하면서 졸업할 때 최상위권을 차지한 사례도 있다. 공부할 수 있는 동력을 찾는 것이 중요하다. 진로의 방향성을 찾는 것도 물론 중요하지만, 진로 목표가 변하면 공부의 방향도 바뀌게 된다. 문제는 평생 책을 손에서 놓지 않고 공부하는 힘을 갖는 것이다. 청소년들로서는 시험 성적, 취업, 진학 등이 목표일 것이다. 학창시절 공부하면서 배움의 즐거움도 함께 느껴야 한다.

자신의 페이스대로 공부의 목적을 정하고 꾸준하게 할 수 있는 공부하는 힘을 가졌다면 학교 수업 적극 참여, 예습 복습 생활화, 실행력, 오감 활용 등을 적용해 성적을 향상해 가길 바란다. 특히 중학생 때는 자신의 학습 방법을 찾아 실천하는 습관이 매우 중요하다.

10대 청소년기에는 할 일이 많더라도 학교에서 배운 내용만큼은 반드시 반복 학습을 통해서 장기 기억으로 남겨야 한다. 공부하는 태도는 세상을 살아가는 데 큰 도움을 준다.

자신의 능력에 맞는 학습법을 찾는 것이 공부의 시작이다.

04 돈 많은 백수가 되고 싶은 너에게

질문1 **어떤 사람이 되고 싶은지 자유롭게 기술해 보아요.**

(예) 돈을 벌어서 어려운 이웃을 도우면서 살고 싶다.

질문2 **내가 꿈꾸는 목표가 현실적으로 가능할까? 가능하지 않다면 그 이유는 무엇인지 적어 보아요.**

(예) 꿈꾸는 목표가 힘들 수는 있지만 가능하다고 생각한다.

질문3

나의 꿈이 구체적인가 아니면 상상 속에만 존재하는가 적고, 현실의 나에게 도움 되는 말을 한마디씩 적어 보아요.

(예) 내 꿈은 국제봉사단에 참여하는 것이다. 그러기 위해서 학교 공부와 어학 공부를 하고 있다. 국제 봉사 관련 직업도 찾아보는 중이다. 노력하고 준비하는 만큼 이루어질 것이다.

질문4

구체적인 진로 목표를 세우기 위해 필요한 것은 무엇일까요?

(예) 실천할 수 있는 용기와 책임감

활동지 작성 후 나는?

* 내 삶의 방향성을 제대로 파악할 수 있다.
* 삶의 의미를 구체적으로 알 수 있다.
* 실행 가능한 구체적인 목표를 설계할 수 있다.

"너희들 어떤 일을 하고 싶니?"

학기 초 진로 수업 첫 시간에 학생들에게 질문을 했다. 각자 하고 싶은 것들을 얘기하는데, C는 돈 많은 백수가 되고 싶다고 했다. 그래서 다시 물어봤다.

"돈 많은 백수가 되기 위해서 지금 넌 뭘 하고 있니?"

"아무것도 하지 않는데요?"

"그럼 돈은 어디서 벌 거야?"

"아르바이트해야죠"

몇 년 전에는 건물주가 학생들이 선호하는 최고의 직업으로 떠오르기도 했다. 고등학교는 졸업해야 취업할 수 있을 텐데, 고졸 학력의 사회 초년생에게 봉급을 많이 주는 직장이 있을까? 진로 수업 시간에 될 수 있으면 공부하라는 말은 하고 싶지 않다. 그런데 공부를 빼 놓고는 어떤 꿈도 이루기가 힘든 게 현실이다.

돈 많은 백수가 되려면 어떤 행동을 해야 할까? 그냥 생각나는 대로 대답한 것이 아니라면, 자신의 능력을 개발하기 위해 노력해야 한다. 공부 습관과 학습력을 점검하면서 돈 많은 백수든 회사원이든 되려는 어떤 행동을 취해야 한다.

인간의 행동 가운데 무의식적인 것이 약 80%라고 한다. 습관을 바꾸면 인생의 80%가 바뀌는 것이다. 공부도 습관이 될 수 있다. 공부를 습관화하면 무의식중에 공부하게 되므로 정신적인 부담이 거의 없다. 공부뿐 아니라 어떤 일을 의식적으로 지속하기란 매우 어렵다. 하지만 이를 습관화하면 '계속할까, 말까?' '중간에 멈추면 안 돼.'와 같은 마음속 갈등에서 벗어날 수 있다.

뇌과학 실험 결과, 아무리 하기 싫은 일이라도 삼 일씩 열 번만 계속하면 버릇이 되고 습관이 된다는 것이 입증되었다. 뇌는 무언가를 달성할 때 즐거움을 느낀다. 이때 뇌는 좋은 기분을 유지하기 위해 도파민, 세로토닌 등의 쾌감을 유발하는 뇌 신경 전달 물질을 내보낸다. 이 과정을 반복하면 습관이 된다. 이런 현상을 뇌과학에서는 '강화 학습'이라고 한다.

새벽에 날마다 책을 읽고, 일주일에 두 권의 책을 읽은 뒤 서평을 쓰기로 계획을 세웠다. 요즘 나는 새벽 4시에 눈이 떠지면 바로 침대에서 일어나 서재로 가서 책을 펼친다. 처음에는 적응이 안 되어 힘들고 출근해서도 피곤했는데, 서너 달 꾸준히 하니 조금 늦게 잠자리에 들어도 새벽 4시가 되면 자동으로 눈이 떠지면서 서재로 향하게 된다. 이 습관 덕분에 일주일에 2권의 책을 읽고 서평을 작성해서 블로그에 올리는 데 성공했다. 그리고 독서 효과를 톡톡히 보고 있다.

내가 새벽 독서 습관으로 독서 효과를 보았듯이, 여러분도 공부해서 하나를 알면 기분 좋은 보상을 해 주고 또다시 보상을 받기 위해 공부하게 되는 것이다. 이 간단한 원리를 잘 활용하면 공부를 습관화할 수 있다.

진로교사를 10년 동안 하면서 수많은 청소년을 만났다. 그동안 나는 진로 수업과 체험 활동에 적극적으로 참여하는 학생이 그렇지 않은 학생보다 학습 의욕과 열정이 높은 경우를 수없이 봐 왔다. 특히 반강제적으로 참여하는 학생보다 스스로 계획을 세워서 적극적으로 진로 수업과 체험 활동에 참여하는 학생이라면 더더욱 학습 동기가 높고 진학 방향을 결정하는 데에도 흔들림 없는 명확한 기준을 가지고 있었다.

우리는 학교뿐 아니라 가정과 사회에서 다양한 체험도 하고, 끊임없이 학습하면서 살아간다. 자신의 진로 목표에 따라 고등학교를 선택하기도 하고, 대학교를 선택하고, 취업을 선택하기도 한다. 삶 속에서 장기, 단기 계획을 세워서 각 시기에 맞는 학습 활동을 하면서 꿈을 이루는 사람들도 있다.

세상에 쉬운 일은 하나도 없다. 하지만 안 되는 일도 없다. 공부는 시기를 놓치면 따라잡기 힘들다. 내 꿈을 이루기 위한 공부를 하자. 공부하는 이유는 내 삶을 좀 더 행복하게 만들고, 하고 싶은 것을 하며 살기 위해서다. 인간의 삶이 두세 번이라면 다음 생애에 공부해도 되겠지만 인간의 삶은 단 한 번뿐이다. 한 번뿐인 삶을 어떻게 살 것인지 생각해 보자. 그러면 공부할 마음이 생길 것이다.

하고 싶은 것은 많은데 공부하기 싫다는 아이들이 많다. 공부를 왜 해야 하는지 공부의 필요성을 알아야 한다. 꿈을 이루고 싶다면 공부는 반드시 해야 한다. 공부를 시험 성적, 등수와 연결 짓지 말자. 자연스럽게 삶 속에 배우는 활동이 녹아들어야 한다.

학교를 갓 졸업한 사람이 많은 돈을 벌 수 있는 직업은 별로 없다.
역량을 쌓는 데에 집중하라.

8장 행복한 미래를 그려 볼까?

"선생님, 초등학교 5학년 전으로 되돌아가고 싶습니다."

"아니, 왜?"

"5학년 때부터 방과 후에 학원을 많이 다녀서 온종일 졸리고 힘들어요. 초등학교 5학년 이전이 훨씬 행복했습니다."

진로 수업 시간에 학생의 느닷없는 이야기에 당황했다. 초등학교 5학년 이전으로 돌아가서 행복한 시간을 보내고 싶다는 아이의 심정이 짠하게 느껴졌다.

"선생님. 그냥 공부 안 하고 지금처럼 놀면 안 될까요."

"공부 안 하고 지금처럼 친구들과 놀면서 학교 다니는 게 더 좋아요."

진로 교육의 목표는 행복이다. 행복한 삶을 만들어 갈 디딤돌을 놓는 것이 바로 진로 교육인 것이다. 이 아이들에게 행복은 무엇일까? 어른으로 성장하는 과정에서 무엇이 문제일까? 하지만 지금 힘들다고 해서 아무것도 하지 않는다면 미래는 더더욱 불안할 것이다. 불안한 미래를 당당히 극복해 나갈 방법을 정리해 봤다.

첫째, 10대 청소년 시기에 주어진 일에 최선을 다하자. 주어진 일이 꼭 공부만을 의미하지 않는다. 건강도 챙겨야 하고 친구들과도 즐겁게 놀아야 하고, 학교나 학원에서의 활동에도 적극적으로 참여하는 것이 주어진 일에 최선을 다하는 일이다.

둘째, 도서관에 있는 책 속에서 방법을 찾아라. 문제에 부딪혔을 때 전문가의 상담도 중요하지만 깊이 있는 독서를 통해 자신을 돌아봐야 한다. '나는 왜 사는가.' '내가 할 수 있는 일은 무엇인가?' 등을 고민하며 자신을 성찰하는 시간을 갖자. 읽고 생각하고 쓰는 활동은 내 미래의 또 다른 방향을 제시한다.

셋째, 관계를 잘 형성하라. 친구들과 좋은 관계를 만들어야지 적을 만들어서는 안 된다. 항상 나를 도와주고 지원해 줄 우군을 많이 만들어야 한다. 미래의 자산은 관계 즉 네트워크다.

넷째, 늘 하던 대로 열심히만 하지 마라. 주어진 일만 열심히 해서는 발전하지 못한다. '왜?'라는 질문을 자주 하고 그 의문점을 해결하려는 창의적 사고를 해야 한다. 일상생활 속에서도 변화를 만들어야 한다.

다섯째, 실행에 옮겨라. 목표했던 일들을 실행에 옮기는 습관을 지녀야 한다. 하루 10분 독서, 요일별 과목별 30분 공부하기 등 할 수 있는 계획을 세우고 실행에 옮겨서 완성하는 기쁨을 느껴봐야 한다. 욕망과 놀고 싶은 유혹에 사로잡히면 계획대로 진행되지 않는다,

미래에 대한 불안감은 누구나 가지고 있다. 특별한 사람만이 이를 극복하는 것은 아니다. 내가 미래를 만들면 미래는 나에게 행복과 부를 선물로 주지만, 미래가 나를 만들면 미래는 나에게 두려움과 고통만 줄 뿐이다. 자기 주도적으로 행복을 만들어야 한다. 매일매일 행복한 시간이 쌓이면서 성인이 되고 꿈을 이루면, 행복 효과가 더욱 커질 것이다. 날마다 일정량의 행복을 저축하듯이 쌓아 가라.

01 평가하지 말고 이해하기

질문1 **남과 비교당한 경험이 있다면 공유하고 적어 보아요.**

비교당한 경험	나의 기분은 이랬어

질문2 **사람을 평가할 때 중요한 기준은 무엇인가요? 나만의 기준을 적어 보아요.**

(예) 시간 약속을 잘 지키는지 파악해 본다.

질문3 **비교하는 습관 때문에 주변 사람들을 힘들게 한 경험을 적어 보아요**

(예) 열심히 공부한 친구가 성적이 나빠서 놀린 적이 있었는데, 친구가 슬퍼해서 마음이 살짝 아팠다.

질문4 **자존감을 높일 수 있는 나만의 방법을 적어 보아요.**

(예) 하루 일과를 정리하는 일기를 쓴다.

활동지 작성 후 나는?

＊사람을 판단할 때 나만의 기준을 만들 수 있다.

＊세상을 내 관점으로 보기보다는 여러 관점으로 봐야 한다는 걸 알았다.

＊나의 판단 착오로 주변 사람들을 힘들게 할 수도 있다는 것을 알았다.

시험 시간이 종료되고 감독관 선생님이 나가면 교실 안이 한순간 시끄러워지면서 아이들이 서로 답을 확인해 본다. 한 문제 틀리고 맞느냐에 따라서 감정이 요동친다. 성적이 생각만큼 나오지 않았다면 속상할 테고, 생각보다 잘 나왔다면 기쁠 것이다.

우리는 수많은 평가를 받으면서 살고 있다. 학생 때는 시험으로 평가받고, 직장 다니면서는 업무 성과로 평가받는다. 가정에서도 부모로서 자녀로서 평가를 받으면서 살고 있다.

어쩔 수 없이 받는 평가라면 냉정하게 자신을 되돌아볼 줄 알아야 한다. 평가에 상처받고 스트레스받으면, 몸과 마음이 병들고 만다. 여러분은 어떤 기준으로 친구를 판단하고 평가하는가? 눈앞에 보이는 것들을 보고 판단하고 평가할지도 모른다. 사람들 대부분이 살아온 과정은 보려고 하지 않고 눈앞에 놓인 현실만 가지고 평가하는 경향이 있다.

시험 성적이 발표되면 많은 학생이 상처를 받는다. 생각보다 잘 나오면 기쁘겠지만 생각보다 저조하면 자신의 능력을 의심하며 한동안 아픈 마음으로 생활한다. 시험 종료 종이 울리면 문제지를 들고 친구들끼리 맞춰 보면서 희비가 엇갈리기도 한다. 하지만 나는 학창 시절 시험이 끝나면 문제지를 들고 답을 맞춰 보지 않았다. 시험 결과에 대한 불안감 때문에 그랬던 것 같다. 결과도 중요하지만 과정이 더 중요하다. 내가 정말 열심히 노력했는데도 결과가 좋지 않다면 상황을 받아들이고 다음 시험을 잘 준비해야겠다고 마음먹어야지, 자신의 노력에 대해 실망할 필요는 없다.

노력한 만큼 성적이 나오지 않는 것을 부모 탓으로 돌리는 학생들도 있다. 자신을 탓하고 핍박하는 것보다 더 나쁜 행동이 부모 탓, 친구 탓하는 것이다. 자신의 행동은 반성하지 않고 실패의 결과를 주변 사람들 때문이라고 인식하는 것이다. 자존감이 낮은 사람일수록 이런 행동을 반복한다. 낮은 자존감을 자꾸만 확인하려는 행동으로 이어진다. 불안하거나 확신이 없을 때 친구나 부모 등 타인에게 해결 방법을 물어본다. 그 해결 방법이 잘못되면 또 친구나 부모를 탓하면서 자존감은 더 하락하고 회복하기 힘든 상황에 이르기도 한다.

자존감이란, 나는 사랑받을 만한 존재이며 어려움이 닥쳐와도 스스로 극복해 나갈 수 있다고 믿는 자신감을 말한다. 일상생활 속에서 사소한 일이라도 스스로 결정하고 그 결과에 책임질 줄 아는 책임감을 키우는 연습이 필요하다. 남 탓이 아니라 내가 결정한 일은 결과가 어떠하든 책임도 내가 져야 한다는 마음가짐부터 가져야 한다.

아울러 남을 평가하려 하지 말고 나 자신부터 살펴보고 평가해야 한다. 내가 자존감이 높아지고 문제를 스스로 이겨 낼 때 다른 사람을 배려하고 존중하는 마음도 생긴다. 자신감이 충만하고 자존감이 높아질 때 제대로 된 평가를 할 수 있고 친구들을 이해할 수 있는 마음의 여유가 생긴다.

'아니면 어때.'라는 말이 있다. 즉 '실패하면 어때.' '누가 뭐라 해도 나는 나일 뿐이야.' 등은 나쁜 상황이 벌어졌을 때 받아들이지 않는 태도가 담겨 있다.

다른 사람의 평가에 민감하게 감정을 나타낼 필요는 없다. 주변 평가에 민감하게 행동한다면 자존감과 자신감이 떨어진다. 어느 순간에도 나를 가장 잘 아는 사람은 바로 나 자신이다. 상대방이 나를 위해서 조언한 거라 생각하고 받아들일 것은 수용하고, 그렇지 않으면 버리면 된다.

사람에 따라 성향이 비슷할 수 있지만 똑같지는 않다는 점을 이해해야 한다. 식습관, 걷는 습관, 공부 습관, 정리 습관, 버릇 등 쌍둥이라도 다른 점은 있게 마련이다. 이토록 서로 다른 점이 많은데 내 관점에서 상대방을 평가하는 것은 옳지 않다. 많은 사람이 관계에서 오류를 범하는 이유는 항상 자기 기준으로 모든 사물을 판단하기 때문이다. 상대방을 위한 평가가 상대방에게 상처를 주고 좋은 관계를 나쁘게 만들기도 한다.

내 관점으로만 바라보지 말고 상대방 입장에서 생각해 보면 부정적인 평가보다 칭찬하는 일이 더 많아질 것이다. 쉽게 남을 평가하지도 말고, 다른 사람의 평가에 쉽사리 마음의 상처를 받지 않는 연습이 필요하다.

그렇다면 어떻게 연습해야 할까? 스스로 계획을 세우고 스스로 책임을 져야 한다. 꾸준하게 책을 읽으면서 자신감을 길러야 한다. 나를 부정적으로 평가하고 깎아내리는 사람이 있다면 거리를 두어야 한다. 누군가로 인해 늘 기분 나빠하면서 살아갈 필요는 없기 때문이다. 학교생활이나 친구 관계에서 상대방의 말에 휩쓸리지 않고 내 주관만 확실하면 비판하는 사람은 줄어들 것이다.

자신감과 자존감을 높이기 위해 연습하다 보면, 당당하게 세상을 만드는 주인공이 될 수 있다.

내 관점으로만 바라보지 말고 상대방 입장에서 생각해 보면 부정적인 평가보다 칭찬하는 일이 더 많아질 것이다. 쉽게 남을 평가하지도 말고, 다른 사람의 평가에 쉽사리 마음의 상처를 받지 않는 연습이 필요하다.

잘못된 평가로 친구들을 떠나게 하지 말자.

02 10대 습관이 평생 간다

질문1 10대 청소년이 갖춰야 할 습관들을 일상생활에 적용해 보아요.

습관	일상생활에 적용해 보기
학습 습관	(예) 매일 20분 교과서 읽기.
정리 습관	(예) 공부하기 전 책상 정리부터
메모 습관	(예) 메모장과 필기도구는 필참!
독서 습관	(예) 매일 책 20쪽씩 읽기.
공감, 배려하는 습관	(예) 동생의 말에 귀 기울이기.

질문2

질문1에 적은 습관들을 가지면 나는 어떻게 변해 있을지 상상해서 적어 보아요.

(예) 하고 싶은 것을 평생 이루면서 살아갈 수 있다.

활동지 작성 후 나는?

* 10대에게 주어진 일을 충실하게 해내기 위한 습관들을 파악할 수 있다.
* 나쁜 습관과 좋은 습관의 차이를 이해할 수 있다.
* 좋은 습관을 가졌을 때 내 삶이 어떻게 변할 것인지 알 수 있다.

"세 살 버릇 여든 간다."라는 속담이 있다. 10대 청소년기에 어떤 습관을 들이고 어떤 친구들을 사귀느냐에 따라 삶의 행복이 결정된다. 학교 시험 일주일 전 진로 수업 시간에 시험공부를 할 수 있도록 자기 주도 학습 시간을 갖곤 한다. 한 번은 학생들 대부분이 시험공부에 열의를 불태우는데 M이 공부할 것도 가져오지 않은 채 빈둥거리더니 만화책을 읽고 공부하는 아이들을 툭툭 건들며 시간을 보냈다.

"너는 시험공부 안 하니?"
"저는 다 했어요."
"그래, 이번 시험 기대해도 되겠네."
"……."

M은 공부하는 방법을 알려 줘도 귀찮다며 배우려고 하지 않는 경향이 있었다. 어려서부터 학습 습관이 갖춰져 있지 않다 보니 중학교에 올라와서도 어떻

게 시험공부를 해야 하는지 몰랐던 것이다. 그렇다면 10대 중학생 시기에 가져야 할 습관은 어떤 것들이 있을까?

첫째, 학습 습관이다. 학생으로서 가져야 할 가장 중요한 습관이다. 수업 태도가 좋은 학생들이 성적이 하락하는 것은 보지 못했다. 자신의 역량에 맞춰서 수업 시간, 예습, 복습 등에 대한 계획을 세우고 실행하는 습관을 들여야 한다. 좋아하는 과목과 싫어하는 과목을 구분하지 말고 모든 과목에 집중하는 수업 태도와 학습 습관을 갖추어야 한다.

둘째, 정리 습관이다. 나는 목요일 아침마다 현관에서 학생들을 맞이한다. 몇몇 아이들은 운동화 끈이 풀린 상태에서 등교한다. 가방 속에는 이것저것 정신없이 넣어 둔 물건들도 있다. 사춘기 시기니 혼란스러울 수 있지만, 그래도 자기 주변과 책상 정리, 가방 정리, 머릿속 정리 등은 틈틈이 하는 습관을 들여야 한다.

셋째, 메모 습관이다. 인간의 기억력은 한계가 있고 하루 지나면 대부분의 지식은 잊어버린다. 오래도록 기억하는 방법은 메모하는 습관뿐이다. 청소년이든 성인이든 메모 습관은 필수다. 메모장은 제2의 기억장치다. 초등학생 때는 알림장도 잘 쓰더니 중학교 올라오면서는 필기도구조차 가지고 다니지 않는 학생이 많다. 메모장, 필기도구는 항상 가지고 다니는 습관을 갖자.

넷째, 독서 습관이다. 독서의 힘을 믿으면 성적도 올라가고 꿈도 이루어진다. 날마다 조금씩이라도 책을 읽고 독서 일지를 작성하는 습관을 갖자. 어떤 학생들은 토요일과 일요일에 한 권씩 읽어도 되냐고 묻는다. 몰아서 읽기보다는 하루에 30분이라도 매일 읽는 것을 추천한다. 매일 읽어야 시냅스가 촘촘하게 연결되면서 암기력과 기억력이 향상하기 때문이다.

다섯째, 공감하고 배려하는 습관이다. 상대방의 상황을 이해하려는 마음가짐이 공감과 배려다. 인성은 일상생활 속에서 스스로 실천하고 배워야 하는 덕목이다. 자기 이기주의에 빠져서는 안 된다. 이타주의 정신으로 친구들을 배려하고 친구의 마음을 헤아리려는 마음가짐을 갖는 습관을 기르자.

청소년기에 잘 갖춰진 습관은 평생 여러분을 성장하고 성공하게 한다. 새벽독서를 하면서 위대한 인물들은 20대 이전부터 책에서 삶의 방향을 찾았다는 걸 알았다. 그런데 나는 오십이 되어서야 책 속에서 보석을 발견했다. 어려서부터 책 읽는 습관을 들였다면 지금과 다른 삶을 살지 않았을까 생각해 본다.

여러분이 가장 싫어하는 것들만 습관으로 만들어야 한다고 말하는 것 같다. 그렇지만 이런 습관들은 평생 살아가는 데 도움을 준다. 지식이 풍부해도 예절바르지 못하면 직장 생활하기 힘들고, 일을 잘해도 순간 화를 참지 못하고 폭발하면 관계가 뒤엉킨다. 이런 것들이 평소 습관에서 나오는 반응들이다.

세상을 올바르고 행복하게 살아가기 위해서는 올바른 습관을 갖는 것이 중요하다. 나이를 먹은 뒤에 습관을 바꾸는 것은 더 어렵다. 그래도 청소년기에 바꾸는 게 쉽지 않을까? 몸에 더 굳어지기 전에 올바른 습관들을 익혀 나가는 태도를 갖추었으면 한다.

10대 때는 10대에게 주어진 일에 충실한 게 바르게 사는 것이다. 주어진 일에 최선을 다하면 성인이 되어서도 성실히 책임감 있게 일할 수 있다. 스스로가 만족하며 사회에서도 매력적인 사람이 되는 방법은 올바른 습관을 만들고 실천하는 것에서 시작된다. 이는 곧 자존감을 더욱 단단하게 만드는 지름길이기도 하다.

세 살 버릇 평생 간다. 습관이 중요하다.
좋은 습관을 만들라.

03 자존감 높은 사람이 행복하다

질문1 자존감이 높은 사람과 낮은 사람의 특징을 살펴보고, 나는 어떤 성향인지 파악해 보아요.

질문2 **대중 심리학자 브레네 브라운이 말한 억누르고 있는 마음의 가면을 벗는 열 가지 방법에서 두 가지를 선택해서 내 삶에 적용하는 글을 적어 보아요.**

마음의 가면을 벗는 방법	내 삶에 어떻게 적용할 것인가?
(예) 내 모든 일이 의미 있는 일이다.	(예) 주변 사람들의 평가에 반응하기보다는 내가 하는 일이 최선의 선택이라고 인식한다.

활동지 작성 후 나는?

* 자존감이 높은 사람과 낮은 사람을 비교해 설명할 수 있다.

* 나의 자존감은 어느 위치에 있는지 파악할 수 있다.

* 평소 불편했던 마음을 떨쳐내는 계기가 됐다.

행복하고 성공한 사람들은 대부분 자존감이 높고 자신감이 충만하며 도전을 즐긴다. 자존감이 낮고 자신감이 부족했던 사람이 어느 순간 다른 삶을 살아간다면, 그는 자존감 또는 자신감을 찾은 것이다. 우리는 주변에서 자존감이 높은 사람과 낮은 사람들을 만날 수 있다.

자존감이 낮은 사람들은 다음과 같은 모습을 잘 드러낸다.

첫째, 어떤 일을 시작하기 전에 불안함, 두려움, 걱정 등 부정적 감정이 앞선다. 항상 부정적 감정 속에서 살다 보니 미래에 대한 비전도 없고 일을 해도 자신감이 없다.

둘째, 모임이나 여러 사람 앞에서 행동하거나 말하기 전에 남의 이목부터 의식한다. 여러 사람 앞에서 의견을 제대로 발표하지 못하고 피해 의식에 젖어 있다. 말을 하면 주변 사람들이 비판할까 봐 두려워 남의 눈치를 먼저 살핀다.

셋째, 상대방의 말 한마디에 추측하고 의미를 부여한다. 별 의미 없이 하는 농담이나 이야기들을 기분 나쁘게 듣고 자신을 비난하는 것으로 받아들이면서 오해하기도 한다. 이런 사람들은 항상 피해 의식을 가지고 살아간다.

넷째, 주변 사람과 끊임없이 비교하고 열등감에 빠진다. 자존감이 낮은 사람의 전형적인 모습이다. 주변 사람과 비교하면서 자신을 깎아내리는 경향이 있다.

이런 성향의 사람들은 자존감도 낮지만 일을 추진하는 데 있어서도 열의가 부족하고 의욕도 없다. 자신을 제대로 바라보지 못하는 사람들에게 나타나는 현상이라고 볼 수 있다.

미국의 대중 심리학자 브레네 브라운(Brene Brown)은 TED 강연에서 자신을 억누르는 마음의 가면을 벗는 열 가지 방법을 이야기했다. 자존감이 낮은 사람들에게 도움이 될 듯해 소개한다.

첫째, 진짜 나를 소중히 여겨라.

사람들이 날 어떻게 생각하느냐에 구애받지 마라. 사람은 본래 자기가 보고 싶은 모습만 본다. 남들이 생각하는 내 모습은 그들이 보고 싶은 나일 뿐이다.

둘째, 나 자신에게 공감하라.

'완벽한 나'라는 강박과 결별해라. 이 세상에 완벽한 사람은 없다. 2% 부족한 내가 옳다는 생각을 잊지 말자.

셋째, 회복 탄력성을 길러라.

무기력에서 벗어나는 방법이다. 공이 바닥을 치면 다시 튀어 오르듯 끝이라고 생각했을 때가 새로운 시작일 수 있다. 그 시작을 위해 필요한 것이 바로 회복 탄력성이다.

넷째, 작은 것과 부족한 것에 감사하고 기뻐하라.

부족함과 어둠을 두려워하는 순간 세상이 나를 삼킬 것이다. 작은 것에 대한 감사는 "네가 부족해서 그래."라며 완벽을 강요하는 세상에 맞서는 최고의 방법이다.

다섯째, 직관력을 기르고 그 직관을 믿어라.

뭐든지 예측 가능해야 한다는 생각은 오만이다. 미래는 나뿐 아니라 모든 사람에게 똑같이 불확실하다. 이럴 때 믿을 것은 오직 나 자신뿐이다.

여섯째, 오롯이 나만을 생각해라.

남과 비교하는 순간 '진실한 나'를 발견하는 창의력은 물 건너간다. 남들이 내 인생을 살아 주지 않는다. 때로는 세상에서 가장 이기적인 사람이 되어 내

안에서 외치는 마음의 소리를 들어 보자.

일곱째, 놀이와 휴식을 늘려라.

바쁜 일상은 사회적 지위나 생산성, 자존감의 상징이 아니라, 그저 가치 있는 일을 하며 사는 결과라고 자신을 세뇌하는 중독일 뿐이다. 진정한 삶의 가치는 일과 휴식의 균형에서 생긴다.

여덟째, 고요한 명상의 시간을 마련하라.

만성적인 불안을 내려놓는 방법이다. 동시에 부정적인 감정에 휘둘리지 않고 차분히 나를 끌어 안을 수 있다. 부정적인 감정도 내 일부분이다.

아홉째, 내가 하는 모든 일이 의미 있음을 알라.

자기 일을 의심하지 말고 잘하지 못한 일에 미련을 두지 마라. 내 일에 대해 비판과 훈수 두는 사람은 모두 조연일 뿐이다. 실수도 하고 한계에 부딪히기도 하는 내가 내 삶의 진정한 주인공이다.

열째, 웃음, 노래, 춤을 더 자주 즐겨라.

쿨한 척 자신을 통제한다 해도 행복할 수 없다. 통제가 아니라 차단에 불과하기 때문이다. 일상의 기쁨을 차단하지 마라. 삶에 대한 감사하는 마음마저 잊어버릴 수 있다.

마음의 가면을 벗는 것은 위 열 가지처럼 그리 쉽지만은 않다. 어느 순간 마음 한구석에서 치솟는 감정을 누르는 것은 자유롭지 않은 것 같기도 하다. 그러나 자존감이 높은 사람들은 위의 열 가지를 실천하는 사람들이다. 주변에 행복한 사람들을 살펴보자. 그들이 위에서 소개한 부분을 실행하며 사는 모습이 보일 것이다.

행복하고 싶은가? 그러면 진로 목표를 구체적으로 세우고 자존감을 높이는 전략으로 살아가라.

자존감을 높이고
자신있게 세상을 바라보는 시각과 마음이 가장 중요하다.

현재

나는 행복한 미래를 위해 어떤 노력을 하고 있을까요? 생각나는 대로 적어 보아요.

미래

나는 행복한 미래를 위해 앞으로 어떤 노력을 할까요? 원하는 것을 적어 보아요.

04 매력적인 사람이 되고 싶은 10대에게

질문1 자존감 일기를 써 보아요.

질문2 최근에 읽은 책 중에 한 권을 선택해서 독서 일기를 써 보아요.

질문3 감정 일기를 써 보아요.

활동지 작성 후 나는?

* 날마다 자존감 일기를 작성하면서 내 상황을 파악할 수 있다.
* 자신의 자존감을 높이는 길이 다양함을 이해할 수 있다.
* 자존감을 높이는 것이 행복한 삶을 만드는 기초가 된다는 것을 알 수 있다.

자존감은 삶을 안내하는 나침반이다. 자신을 가치 있고 귀하게 여기는 마음, 즉 자존감은 공부뿐만 아니라 인생 전반에 매우 중요한 요소로 작용한다. 자존감이 높은 사람은 자기 인생과 존재 의미에 자신감을 느낀다. 든든한 자존감은 10대 청소년이 긍정적이고 당당하게 성장할 수 있는 힘이 된다.

건강한 자존감이 형성되려면 어린 시절 부모나 주변 사람들에게 충분히 인정받고 사랑받고 칭찬을 들으면서 자라야 한다. 어린 시절 형성된 자존감은 인생 전반에 걸쳐 큰 영향을 미친다. 자존감이 한 번 낮아지면 성인이 되어서도 계속 상처로 남아서 회복하기 어려운 상황에 이른다.

하지만 어린 시절 자란 환경 때문에 자존감이 낮아졌다고 해서 실망할 필요는 없다. 자신의 존재와 성향을 깨닫고 긍정적인 마음과 도전 정신으로 세상을 밝게 살아간다면 얼마든지 자존감을 끌어올릴 수 있다.

자존감을 높이는 데 가장 중요한 것은 자신을 존중하고 사랑하는 마음이다. 즉 자신에 대한 사랑, 인정, 긍정을 삶의 모든 순간에 느낄 수 있어야 한다. 자신을 소중히 여기는 행동이 자아에 대한 거부감, 조건을 단 사랑, 방어적인 생각, 도전에 대한 두려움, 공격성과 수동성, 자기 학대 같은 기억들을 지우는 힘이 된다. 자신을 존중하는 마음이 약해지면 삶의 목표도 불명확해진다. 자신을 사랑하는 마음이 없는 사람은 삶을 주어진 대로 그냥 살아간다. 이익을 좇아 이리저리 분주하게 뛰어다니며 그것이 성공을 위한 것이라고 착각하기도 한다. 자신을 믿고 인정하는 마음, 즉 자존감을 키우는 것이 여러분이 성장하는 토대가 될 것이다.

나는 매일 일기를 쓰고 있다. 일과를 정리하는 의미도 있지만, 하루 동안 감정을 돌아보는 시간이기도 하다. 하루 동안 학교와 가정 안에서 어떤 감정을 느꼈는지 살펴보는 것이다. 자존감의 개념을 이론적으로 이해해도 실제 상황에서 적용하는 건 어려울 수 있다. 자존감을 기르고 싶은데 방법을 모르거나 실행력이 부족하다면 먼저 자존감 일기를 써 볼 것을 추천한다.

새해가 되면 사람마다 일 년 계획을 세운다. 그러나 그 계획을 오롯이 실행하는 사람은 그리 많지 않다. 이런 과정을 매년 되풀이하면서도 사람들은 계획을 지키려는 의지가 부족하다. 자신을 사랑하는 태도도 이와 같다. 자신을 돌아보고 하루의 모습을 살펴보면서 어느 활동에 집중하고 즐거움을 찾았는지 알아야 한다. 일 년 계획에 실패하는 이유는 실행하는 방법을 몰라서가 아니라 꼭 지켜야겠다는 의지가 부족해서다. 낮은 자존감을 향상시키려면 우선 자신의 태도와 습관부터 점검하고 자신을 있는 그대로 사랑하려는 마음가짐이 있어야 한다.

요즘 청소년들은 할 것이 많아서 바쁘다. 일기 쓸 시간도 없다고들 말한다. 그러나 잠들기 전 10분 정도 투자해서 자존감 일기, 감정 일기, 독서 일기 등을 작성해 보자. 이 세 가지를 모두 하라는 것은 아니다. 자신이 꾸준하게 실천할 수 있는 것 하나만 선택해서 날마다 일기를 쓰는 습관을 갖자.

하루를 정리하면서 "비록 오늘 잘하지 못했지만, 그런 나 자신까지도 온전히 받아들이고 사랑한다."라는 문구같이 행동과 감정에 관한 자기 인정의 문구를 넣어서 작성해 보자. 무의식에 깊이 박힌 자아 이미지에 긍정적인 영향을 미쳐 자존감을 높이는 효과가 있다.

10대 청소년기에는 할 일도 많고 하고 싶은 것도 많다. 그러나 청소년기에 올바르게 주어진 일부터 우선 처리하는 태도를 갖춰야 한다. 성인이 되어서 할 일까지 심각하게 고민할 필요는 없다. 청소년기는 미래 사회에 어떤 역할을 할 것인가 고민하고 도전해 보는 시간이다. 앞으로는 개인 브랜딩 시대다. 지식이 가득하고 똑똑하다고 해서 매력적인 사람이 될 수는 없다. 여러 사람을 보듬을 줄 알고 욕심부리지 않고 욕망대로 살지 않으며, 자기 성장과 조직사회의 발전을 위해 항상 노력하려는 마음가짐이 매력적인 사람을 만든다.

매력적인 10대가 되고 싶다면 자신감과 도전 정신, 자존감부터 향상해 나가자.

진정한 자유로움은 자존감을 지키는 삶에서 온다.
나는 사랑받아야 하는 소중한 존재라는 것을 잊지 말자.

단단한 **자존감**을 갖고 싶은
10대에게

초판 1쇄 인쇄 2022년 11월 11일
초판 1쇄 발행 2022년 11월 18일

지은이 김원배
펴낸이 이범상
펴낸곳 (주)비전비앤피 · 애플북스

기획 편집 이경원 차재호 김승희 김연희 고연경 최유진 김태은 박승연 박혜나
디자인 최원영 한우리 이설
마케팅 이성호 이병준
전자책 김성화 김희정
관리 이다정

주소 우)04034 서울시 마포구 잔다리로7길 12 (서교동)
전화 02)338-2411 | **팩스** 02)338-2413
홈페이지 www.visionbp.co.kr
인스타그램 www.instagram.com/visionbnp
포스트 post.naver.com/visioncorea
이메일 visioncorea@naver.com
원고투고 editor@visionbp.co.kr

등록번호 제313-2007-000012호

ISBN 979-11-92641-00-3 43190

· 값은 뒤표지에 있습니다.
· 잘못된 책은 구입하신 서점에서 바꿔드립니다.

도서에 대한 소식과 콘텐츠를
받아보고 싶으신가요?